EDMOND PICARD

EN CONGOLIE
1896

TROISIÈME ÉDITION

SUIVIE DE

NOTRE CONGO EN 1909

BRUXELLES

Vve FERDINAND LARCIER, ÉDITEUR

Rue des Minimes, 26-28

1909

EN CONGOLIE

RÉCITS DE VOYAGE

PAR

EDMOND PICARD

LES HAUTS PLATEAUX DE L'ARDENNE.

EL MOGHREB AL AKSA (Mission belge au Maroc).

MONSEIGNEUR LE MONT BLANC.

JOURNAL DE MER D'UN ADOLESCENT.

EDMOND PICARD

EN CONGOLIE

1896

TROISIÈME ÉDITION

SUIVIE DE

NOTRE CONGO EN 1909

BRUXELLES

Vve FERDINAND LARCIER, ÉDITEUR

Rue des Minimes, 26-28

1909

Il a été tiré de la présente édition quatre exemplaires sur papier Impérial du Japon.

AU LECTEUR

Je suis le premier Belge qui alla au Congo en touriste.

Ce fut en 1896.

J'écrivis au jour le jour la relation de mon voyage alors considéré excentrique. J'eus la coquetterie de remettre le manuscrit à l'imprimeur le jour même de mon retour. De ces circonstances on peut présumer combien le récit de mes visions fut sincère et imprégné de la vie que je menai là-bas.

C'était encore, pour la formation de cette merveilleuse colonie, la période de l'héroïsme et des misères. Le chemin de fer de Matadi à Léopoldville qui devait abolir la fameuse barrière d'entrée des cataractes de Livingstone n'était construit qu'à moitié, jusqu'à Tumba. Douze ans à peine s'étaient écoulés depuis que le Congo avait, à Berlin, été admis comme Etat Indépendant par les Puissances.

Mais déjà s'annonçait l'ère de calme et de prospérité qui allait suivre et, en douze nouvelles années, réaliser le miracle d'organisation et de promptitude auquel nous assistons actuellement.

Dans cette troisième édition de ma relation, j'ai laissé celle-ci scrupuleusement telle qu'elle fut écrite sous la vive impression de ce que je vis et ressentis alors.

Mais j'ai cru qu'il était utile et juste d'y ajouter ce que notre Colonie m'apparaît maintenant, en 1909, non plus, il est vrai, par mes constatations personnelles, mais par les écrits curieux et de plus en plus nombreux qu'elle suscite.

C'est l'objet de l'exposé rapide qui est à la fin du volume. Je lui ai donné ce titre : NOTRE CONGO EN 1909.

EDMOND PICARD.

Bruxelles, 1er octobre 1909.

D'Anvers à Las Palmas.

Du 6 au 13 août 1896.

La respiration à la surface après la longue, longue nage sous les eaux troubles de la sociale existence. Les vacances ! Les vêtements enlevés et jetés à la volée pour courir nu sur le rivage. Le licol rompu, la fuite hors et loin des écuries où s'alignent, pour les quotidiennes et lassantes besognes, en escadrons tête au ratelier, les chevaux d'omnibus que nous sommes. La liberté ! ou, au moins, son illusion. Le départ, cette petite mort heureuse, acompte puéril et doux sur la grande,... plus heureuse, plus douce peut-être !

Me voici sur un steamer ronflant, amarré à l'un des quais immenses de la grande ville maritime. Le fleuve s'étire, à marée étale, ce quart d'heure de repos entre la marée montante et le jusant descendant. Anvers, Ambéres, de son beau nom castillan. La haute tour ouvragée dresse très fière, sur l'activité fiévreuse et odorante du port, sa silhouette repercée à jour et la grâce aérienne de sa dentelure merveilleuse.

Le pont du navire fourmille! car c'est un départ pour le Congo, pour ce lointain Congo, séducteur et dévorateur, pays de rêves et pays de larmes, pays d'espérances et pays de désillusions, d'enthousiasmes et d'anathèmes, comme tout Inconnu tenté par l'audace et la fragilité humaines. Sur la rive une foule s'est amassée, sourdement tourmentée des mêmes désirs et des mêmes inquiétudes, attirée par ce mystère et défiante devant ce mystère. Une musique militaire joue des airs indifférents qui ne sont ni une excitation à la partance, ni une consolation mélancolique; plutôt un accompagnement rêveur de l'acte qui va s'accomplir, le sublimisant d'une harmonie légère sans rompre son vaporeux, sa vaillance et sa tristesse.

C'est un jour d'août, mais le ciel à nuages qui fait à l'Escaut sa plus belle parure, est meublé de tentures grises en accord avec toutes ces âmes sentant la tension douloureuse des fibres qui vont être brisées. Août, le mois où l'on coupe les moissons, où les champs se peuplent de gerbes comme un camp de tentes;

le mois où tant de souvenirs de journées heureuses remontent du cœur au cerveau.

Midi solennellement sonne à la tour majestueuse et épand ses douze coups sonores et graves sur la cité et sur ses ports. Et, à l'instant, le navire, comme s'il se soumettait à un rite rigoureusement et cérémonieusement ordonné, à l'instant le navire, qui vient de verser et d'écouler sur le quai la multitude qui l'encombrait et n'a gardé que le petit peloton de ses passagers et son équipage, se détache et lentement commence son voyage de deux mille lieues. Une longue clameur d'adieu s'élève comme un vol de mouettes en émoi, tandis que des milliers de mouchoirs agitent leurs ailes blanches; elle s'élève, se prolonge, faiblit, reprend, tombe encore, s'épanche et déferle sur la rive, et remonte une dernière fois avec une allure mourante de sanglot.

Le *Léopoldville* est en route !

Maintenant seul le bruit sourd du remorqueur bat le silence du pouls dur de sa machine. La grande Ambéres défile le panorama de ses maisons derrière le réseau des mâtures ; une pluie fine sème une ondée de pleurs. Bientôt les prairies et les polders et les puissantes digues fluviales ne laissant voir des arbres que les cimes vertes, des maisons que les toits rouges. Le bétail pensif regarde, sans comprendre, passer le puissant mastodonte noir qui nous emporte, empanaché du vomissement tumultueux des fumées.

A peine la mélancolique solitude du fleuve a-t-elle aboli les rumeurs et les perspectives de la cité, que l'on jette l'ancre dans un coude désert; au Lievekenshoek, le coin des amoureux, site paisible qui, d'une légende de fiancés noyés et roulés par le courant à la mer, ne garde que le nom, désormais banal et sans écho sentimental; car tout s'efface sous les stratifications du temps, paternel niveleur des douleurs et des joies. Il y a là un fort d'où nous arrivent de la dynamite et de la poudre. Jusqu'au soir, de batelets à drapeau rouge accrochés à notre flanc, sortent les caisses plates et les tonnelets, maniés avec des gestes prompts mais infiniment précautionneux, et qu'on range à bord dans de grands compartiments aux parois de fer, coffres-forts emprisonnant les dangers aussi jalousement que si c'étaient des trésors. Poudre, explosif des roches. Or, explosif des consciences.

A la nuit tombée, après un coucher de soleil sans magnificence nous repartons, et cette fois c'est le grand coup! D'une haleine, sans lassitude, sans jamais interrompre le va-et-vient actif et puissant de son piston, le tournoiement de ses bielles, le frappement à rapide cadence des ailes de son hélice, le vapeur nous conduira à sa première escale, aux îles Canaries, égrenées sur la côte du Maroc, aux sept îles fatidiques que l'antiquité ingénue voyait, dans les brouillards de ses imaginations sereines, aux extrémités du monde, joyaux parmi les merveilleux accessoires de ses fables et qu'elle avait nommées : les Fortunées, les Bienheureuses, les Éternelles, les Hespérides !

C'est la nuit, sous un ciel avare d'étoiles. Nous sortons des bouches de l'Escaut et ses eaux amples et limoneuses nous passent aux flots courts et tourmentés de la mer du Nord, tracassière naufrageuse incessamment en lutte avec ses bancs sournois et avec nos rivages. Dans la sombreur des ténèbres l'horizon à notre gauche se raie des lumières dont les villes balnéaires tendent le chapelet rougeâtre et scintillant au long des dunes. En quelle paix, à cette distance, se mue le tapage de ces cités de joie, en quel nimbe de phosphorescence douce, annonciateur d'apparitions caressantes ! Quel amoindrissement de leur turbulence et quel pressentiment de leur inutilité ! Et pourtant, dans cet anéantissement des agitations humaines, par moments, ainsi qu'un nœud sacré, ainsi qu'un fragment plus dur qui résiste à l'universel broyage, surgit une figure, un souvenir qui atteste l'impossibilité pour le cœur de tout rompre et de tout oublier.

Les milles marins succèdent aux milles. De phare en phare, de cap en cap, comme s'il s'engrenait dans leurs hauts minarets et dans leurs anfractuosités, le navire progresse avec la régularité automatique d'une horloge bien remontée. Pas d'indécision, pas d'imprévu de vitesse ou de route. La vapeur a réduit au même dénominateur les aventures des anciens et aventureux voyages. Les steamers vont sur les eaux comme les trains sur les rails. La route serait jalonnée de bornes kilométriques ou enfermée entre des haies qu'elle ne serait ni plus visible, ni plus sûre. Les voiliers que nous dépassons ou qui nous croisent ne semblent plus là que pour l'ornement de la mer polyphonante, grandes fleurs étranges surgissant en nénuphars à haut calice, complétant l'admirable et simple paysage que font, en un sublime accord, le Ciel, l'Eau, la Terre ! Est-ce vraiment pour un but mercantile, pour enrichir quelque digérant bourgeois, qu'ils promènent ici leur majestueuse et compliquée blancheur et que se manifeste la superbe harmonie de leur grâce élancée et balançante ? Ou bien est-ce pour le ravissement de nos âmes que le Destin inspira à des butors, assoiffés d'opulence, d'envoyer sur les mers ces miraculeux prodiges? Leur commerce ne serait-il qu'un inconscient prétexte aux jouissances de l'artiste? Ces piteux spéculateurs ne seraient-ils, ô Nature ! que les instruments sarcastiques de l'embellissement que tu imposes aux choses.

Au premier matin, au réveil dans les oscillations berceuses d'un roulis bienveillant, nous embouquons le goulot du grand entonnoir qu'est la Manche, le Pas-de-Calais, où vont et s'amassent les navires tels que les feuilles voguant sur un ruisseau quand les rives s'étranglent. Les eaux, entre les falaises, crayeuses et proches, d'Albion et les falaises, grises et lointaines, de France, sont florissantes de voiles. Voici les repères classiques : Le château de Douvres et le mont de Shakespeare, d'où le roi Lear, aveugle et désespéré, voulut se précipiter dans les flots moins retentissants que ses imprécations. Voici la côte, abondante en phares, cernant la mer de l'ourlet mince d'un bord d'assiette, à une distance qui éteint tous les bruits et tous les mouvements terrestres et fait croire à des lieux inhabités. Les vagues ardoisées, innombrables sous la pression de la brise, galopent entre nous et le rivage, s'aigrettant parfois de la coquetterie d'une mousseuse et moutonnante écume de neige.

Mais la route incline à gauche. Il faut gagner Ouessant, terre d'avant-garde extrême de l'Europe dans la vaste Atlantique. Et durant tout un jour, toute une nuit, de sa course méthodique à pulsations de métronome, le steamer, le cap fixé sur ce but, fend et laboure la mouvante prairie marine, s'ornant à l'étrave, en capiton, de la moustache blanche floconneuse que soulève l'avancée de ses joues sous les yeux ronds de deux écubiers d'où coulent en grosses larmes noires les maillons pesants des chaînes d'ancres.

Une terre rocheuse et pelée. Pas le velours d'un seul arbre. Des maisonnettes transies. Une longue scie de récifs déchiquetés par les tempêtes millénaires battant la Bretagne. Des sautées de vagues en escalade contre les écueils. La désolation des pointes perdues chargées d'émousser les premières fureurs des vents accourant libres des plaines océaniques. Telle, en sa claustration insulaire, la triste et sévère Ouessant.

Nous passons, et cette fois c'est le vrai largo. Sur le clavier des flots sonnent maintenant les notes profondes. La houle se soulève en palpitations prolongées. Ce n'est plus la danse sautillante des mers courtes enserrées entre des côtes. C'est le puissant et majestueux menuet de l'Océan. Durant trente-six heures nous couperons en diagonale, d'Ouessant au cap Finistère, le golfe de Gascogne, fameux par son indocilité cruelle, le *Sailor's-churchyard*, le Cimetière des marins. Et le steamer, comme s'il voulait mettre son allure en harmonie avec la gravité solennelle de l'ambiance, le steamer, jusque-là stable et lentement cadencé, élargit l'amplitude de son roulis et de son tangage et inaugure pour « les humains lamentables » le tourment dérisoire du mal de Mer. Car elle est difficile la neptunienne déesse, et railleuse en ses initiations !

La côte d'Espagne, la côte de Portugal, le détroit de Gibraltar, bouche étroite de la Méditerranée énorme ; la côte du Maroc barbare. Tout cela invisible. En notre course diurne et nocturne, nous passons à plus de cent milles. Invisible ce rivage du Moghreb où il y a quelques années, en un bizarre voyage, je prenais des bains de mer à la Noël et au Nouvel an, en des solitudes sauvages.

A ces souvenirs, je regarde vers l'Orient, et, plus forte que la réalité, mon imagination reconstruit ces événements minuscules à jamais détruits et pourtant pour moi si vivants et inoubliables.

Pas de terres en vue, non, pas de terres. Mais quel incessant et divin spectacle autour de nous. Un vent du nord agile, précurseur des brises alisées, ininterrompu, déplace l'atmosphère limpide, soufflant la fraîcheur et la luminosité. Le disque plane et grandiose des flots, borné dans un rayon de six lieues par l'horizon circulaire, cuve immense dont le steamer est perpétuellement le nombril mouvant et dont le circuit se déplace avec lui, bouillonne en une agitation prodigieuse et inépuisable. La cavalerie innombrable des grandes lames bleues, — que l'Aquilon soulève, excite, ramasse, exhausse sans trève, — la cavalerie des grandes lames bleues à frissonnantes crinières blanches, les chevaux de Neptune, nous fait escorte de ses escadrons, avec un infini frémissement de soies violemment froissées, tandis qu'au ciel défilent en convois parallèles les écharpes de légers et véloces nuages. Des moires, des marbrures, des neiges qui semble frire, de larges étalements en dalles azurées, des palpitations brusques et pathétiques se gonflant pour retomber en volutes robustes et élégantes, une course haletante et frénétique vers l'horizon, vers l'abîme où plonge la base de la coupole céleste aux tons de porcelaine, aussi délicats, aussi finement gradués, aussi translucides que les « coquilles d'œuf » de Japon et de Chine. Çà et là la plaque turquoise braseyante d'une vague qui vient de boire l'air et l'expire en laiteuse savonnée. Et sur tous les versants, sur toutes les croupes de ces collines tumultueuses, un universel frisselis faisant une risée géante au soleil.

Beauté sublime et simple, formée d'indigo et de blanc, de mouvement et de lumière, et de toutes les dégradations aux nuances magiques de la lumière, du mouvement, du blanc, de l'azur! Orchestration miraculeuse! Spectacle inlassant en son harmonie héroïque et surhumaine! le navire glisse muet, rythmique, se laissant faire, savourant ces lécheries puissantes et ces chocs amoureux du Cosmos en rut, Lion de Némée acceptant les caresses d'Amphitrite.

Et sur cette scène, partout identiquement superbe, le décor change selon les grands stades du jour : avec le crépuscule douloureux, avec la nuit pacificatrice, avec l'aube amoriférante, avec le midi lourd. Le soleil rayonnant au zénith; ou rond, rouge, terrible, barbare au couchant; la lune nouvelle à la faucille amincie; la voie lactée plus dense; Arcturus, Véga, Sirius, plus royalement scintillants que dans notre firmament brumeux, et leur conclave d'étoiles, de planètes et de nébuleuses, ajoutent au spectacle des ornements magnifiques et basilicaires.

Ainsi nous progressons au milieu des splendeurs invulnérables, laissant à notre droite, dans l'inaperçu, et l'archipel des Açores et l'archipel de Madère, ces stationnaires de l'Atlantique, pareils à ces vaisseaux à l'ancre. Dans mon âme monte la paix salutaire des détachements et des solitudes, et son ennoblissement. Déjà les rides des misères s'effacent, et leurs mauvais plis. L'Universel pose sur mon front ses mains de calme et de force. Ah! puisse pour les humbles tâches auxquelles le Destin m'a départi et pour les heures de labeur qui me restent encore, ces grandes impressions servir les justes causes, invigorant en moi le sentiment du devoir, du sacrifice et des solidarités, indestructibles comme la Nature!

De Las Palmas à Bathurst.

Du 13 au 19 août.

Par l'après-midi d'un beau jour, une semaine écoulée depuis notre départ, le Steamer et la forte brise du nord qui nous accompagne courant, de conserve, vers le sud, les flots sautant et aboyant infatigables autour de nous, apparaît dans un indécis lointain le profil, vague comme un brouillard, mais immuable en son contour, de la Grande Canarie. Tel dut l'apercevoir, il y a cinq siècles, le chevalier Jean de Béthencourt, condottiere de la mer au service du roi de Castille, allant en conquistador enlever au peuple disparu des Guanches mystérieux les terres insulaires, séjour mystique du bonheur et de la paix. A notre droite, à cent trente kilomètres, plus vague encore, assis sur un rivage de nuages, le cône vaporeux du pic de Teyde, gloire céleste de l'île de Ténériffe, le volcan géant qui, aux temps fabuleux, brûla de ses feux, secoua de sa colère et fit sombrer l'Atlantide, Gomorrhe océanique faisant, par delà les colonnes d'Hercule, pile de pont entre l'Europe et les Amériques. Du cataclysme formidable, il ne reste, au-dessus de l'immense désert liquide où s'engouffra ce monde dans un abîme de douze mille pieds, que ces archipels minuscules qui, derrière les horizons profonds, nous entourent, émergeant en épaves, pointes de mâts de navires naufragés.

Peu à peu, dans la douceur triste du soir, le large écran dentelé des montagnes se précise. Versants pelés blondis par une atmosphère chargée de la poussière jaune des sables sahariens portés ici par les vents, et jusqu'à douze cents milles des côtes africaines ; poudre brunisseuse, durant les nuits humides, de la voilure des navires cheminant au large par les latitudes tropicales. Terre emmousselinée d'un poudroiement et d'une pulvérulence. Apparence d'un vaste écueil. Au débouché d'un défilé, la plaque blanche d'une ville, nébuleuse encore, déversant son agglomération dans la mer, tachant de sa lèpre crayeuse le flanc des rocs dénudés.

C'est Las Palmas, la cité des Palmiers, jadis ! car, depuis, la fureur arboricide a tondu sa parure glorieuse et ce n'est plus qu'en de rares points de sa surface calvitiaire que se dressent les fûts architecturaux qui inspirèrent l'art égyptien, comme le hêtre et ses avenues en nefs inspirèrent l'art gothique. Le lendemain, dès l'aube, nous quittons le steamer à l'ancre pour courir la petite cité, visiter sa cathédrale, inachevée, suivant la destinée de tant d'œuvres victimes de la prompte lassitude des volontés espagnoles. Style composite, bizarre et froid; deux tours carrées, surmontées de hautes guérites cylindriques et à coupoles, font penser aux minarets quadrangulaires du Maroc voisin; les tiges de colonne et les nervures en lesquelles elles s'épanouissent ont les proportions élancées et les ramifications mollement gracieuses des arbres emblématiques du pays. Par les rues étroites à maisons basses, calcareuses, à toits plats, à cours intérieures en patio sur le patron mauresque, percées de fenêtres empersiennées et closes, circulent des femmes à noble allure embéguinées de mantilles blanches, — muettes, solennelles, aux traits forts, pareilles à des religieuses, — et des muletiers classiques coiffés du sombrero de feutre en parasol, à califourchon entre des paniers énormes qui donnent à leurs bêtes l'aspect d'être inhumainement surchargées. A l'entrée de la place où l'église dresse sa façade mutilée, huit chiens de bronze, par paires identiques de quatre modèles rappelant le stock des bons fournisseurs bourgeois de garnitures de cheminée, signifient en symboles parlants l'origine étymologique douteuse des sept îles : les Canaries. Sur le rivage, le long d'une route adornée d'un tram à vapeur déteint et poudreux qui roule du port lépreux à la ville coquette et silencieuse, de spacieux hôtels anglais; car Las Palmas, grâce à son climat merveilleusement équilibré, cherche, à l'exemple de Madère, à grever son paysage volcanique de sanatoires pour les asthmatiques, les phtisiques et les rhumatisants.

Aux dernières heures du jour, nous sommes de nouveau en route, vers le cap Vert et le quatrième archipel, celui des îles Caboverdiennes. Imperturbablement la mer bienveillante nous enveloppe du décor clair d'un ciel opalin et du mouvant pâturage des vagues lazuléennes veloutées d'un ourlet d'hermine.

Une paix cordiale et douce règne à bord. L'emboîtement aimable et la classification courtoise des personnalités et des habitudes se sont faites sous la direction d'un Capitaine affable. Sauf moi, tout ce petit monde, soixante âmes, est en route pour vivre au Congo le terme réglementaire des deux ou trois années. Et vraiment, ce devoir sévère à accomplir, cette séparation acceptée, cet en-route vers un inconnu qui, parmi ses multiples et incertains facteurs, compte l'Isolement, cette angoisse, et la Mort, donnent à chacun une particulière noblesse et une tenue vaillante d'un haut et touchant caractère. Officiers et sous-officiers destinés à la force publique, ingénieurs et artisans engagés pour le chemin de fer, agents et comptables recrutés pour les compagnies commerciales, agronomes et jardiniers voués aux défrichements, avocats désignés pour la Magistrature, apparaissent tous, sans morgue et sans charlatanisme, pénétrés du sentiment viril qu'ils vont être autre chose que les unités étroitement encaquées de notre activité serrée à coordination rigoureuse, à discipline impitoyable; qu'ils vivront plus libres et plus maîtres de leur originalité; qu'autour d'eux vont souffler de plus larges courants d'air. C'est le secret de leur courage et de leur discrète fierté, de leur caractère énergique et doux, des vues larges qui nimbent même les plus humbles d'entre eux. C'est aussi le secret des mirages qui ramènent au Congo, invinciblement, même ceux qu'il fit souffrir. Car, dans les subconsciences humaines règne, ataviquement incompressible, un besoin d'indépendance, un instinct de dignité personnelle qui résiste aux exigences tyranniques des civilisations concentrées jusqu'à l'étouffement. Le vulgaire nomme cet héroïsme l'Esprit d'Aventure! Les vieux soldats de plomb que sont nos bourgeois l'appellent une manie de Fous! De ces fous, il en faut, il en faut! Fasse le Sort qu'il y en ait toujours, toujours!

Le groupe est babélique : onze langues sont parlées à bord. Tout, quotidiennement, se déroule en un ordre tranquille en accord avec les phénomènes vastes qui nous enveloppent de leur rythme. Et pourtant, ici comme ailleurs, le cuisant problème social omniprésent s'affirme. Je descendis hier dans la cale frigorifique, geôle polaire à dix degrés de froid où pendent, stalactites cruelles, en leurs chairs gelées et leur sang figé, les cinq mille kilogrammes de viande destinés à la traversée, au-dessus d'une jonchée de lapins écartelés, de volailles rigides, de poissons durcis par un immuable gel. Et de là, par une fantaisie plaisante de l'officier qui me guidait, j'ai passé dans la chaufferie des machines à cinquante degrés de chaleur! Noir enfer de mine sur lequel s'ouvrent les gueules des foyers ronflant, rutilant, brasillant en cratères sous les chaudières. Devant ces fournaises, pataugeant parmi les écroulements de charbon, au plus profond des flancs caverneux du navire, des hommes, des sacrifiés, des martyrs, pelletant le combustible, fourgonnant les brasiers, esclaves n'ayant de la liberté que le droit nominal dérisoire, plus asservis dans la réalité que ceux qu'on vend et qu'on achète comme du bétail. Il en meurt presque à chaque voyage. L'éternelle et tragique antithèse, l'affreuse énigme : toute cette merveilleuse organisation d'un transatlantique, cette horlogerie-prodige, aboutissant non pas à alléger les misères, mais à les intensifier, à en créer de plus exaspérantes. L'afflux, à la surface, du bien-être pour les uns, ayant pour courant parallèle souterrain l'afflux des souffrances pour les autres. La machine, dans sa chambre spacieuse et aérée, fonctionnant aisée et brillante, ses aciers polis, ses cuivres miroitants, ses peintures fraîches, soignée comme un trésor, et dessous, ses accessoires, les misérables chauffeurs, suant, abrutis, esquintés, dédaignés, oubliés. Ils ne coûtent rien. Tandis que la machine ! s'il fallait la remplacer ! Et, alors, dans l'âme fraternelle se gonflent le désir, le besoin, l'espérance de résoudre le problème et d'y consacrer sa vie de penseur et d'artiste.

Les heures coulent pacifiques et rêveuses. La température reste douce, car l'immense nue de poussière africaine impalpable, volatilisée dans l'atmosphère, fait écran entre le soleil et notre itinérante carapace. Nous passons la ligne idéelle du tropique du Cancer le samedi de l'Assomption, par une mer à laquelle la couleur terne de l'air a, par reflet, donné le ton olivâtre et sale des lavasses ménagères. Des poissons volants, fuyant quelque rapace sous-marin, tombent sur le pont dans leur vol éperdu et y étalent le papillon de leurs ailes irisées de libellules. Une mouette épuisée, aux cris rauques et lamentables, a été prise cette nuit dans les agrès. Quatre mules embarquées à Las Palmas, attachées aux bastingages, chancellent à l'action du roulis, leurs longues oreilles inquiètes, les yeux chargés d'une défiance attristée. Trois hirondelles, la nuit venue, se sont pelotonnées, craintives et affectueuses, contre une poulie, à portée de la main. Des marsouins, véloces navettes, glissent, prodigieux de rapidité élégante, entre deux eaux. Ah! que les peintres primitifs aux œuvres étoffées d'oiseaux et de bestioles, comprirent bien l'inévitable mélange de l'animalité à l'Humanité, et sa grâce, et sa fraternité !

Le cap Vert, pointe extrême du Sénégal, est en vue. Un rocher massif, aigretté d'un phare blanc, se rattachant à la terre par une longue encolure ornée d'une crinière de verdure. Des récifs auxquels infatigablement les flots écumants donnent l'assaut. A l'arrière-plan, l'île de Gorée chargée de factoreries et de casernes. Tout cela défile durant un après-midi transparent et chaud qui a peuplé le navire de costumes aux tons clairs. Les cinq passagères qui féminisent légèrement notre masculinité émaillent de toilettes printanières les superstructures de la dunette et se groupent en un five-o'clock.

La côte s'est effacée, de nouveau la solitude marine. En route pour Bathurst, à l'embouchure de la Gambie, où le *Léopoldville* doit embarquer, en possessions anglaises, pour le chemin de fer du Congo, un fort contingent de travailleurs sénégalais, embauchés sur les territoires français, ou plutôt débauchés, car il paraît qu'il s'agit d'une rafle qui a fait le vide dans le personnel du railway de Dakar à Saint-Louis. Nous entrons dans la région des pluies tropicales. Le ciel se matelasse de nuages et, l'aube du jour d'arrivée, des rafales qui rétrécissent la circonférence de l'horizon, nous obligent à ralentir, à sonder, à « atermoyer » pour trouver les bouées du chenal. Un gros pilote, mâtiné de mogol et de nègre, nous joint et voici que le steamer embouque le vaste estuaire du fleuve dont le nom fait la moitié de celui du pays, la Séné-Gambie.

Tout encore reste atténué dans les lointains. Aux eaux jaunâtres, aux rives plates et vertes, on se croirait dans le bas Escaut. Et même en approchant, les feuillages indécis continuent l'illusion d'un paysage européen. Des appontements, des constructions en arcades suscitent le souvenir dérisoire d'une rue de Rivoli qu'ombrageraient de hautes frondaisons. Partout, éparse, une population bigarrée où le bleu clair et le blanc dominent, avec de-ci, de-là, en point d'orgue, une tache rouge. Ce sont nos futurs compagnons de route, les uns massés sur la rive, les autres défilant vers l'embarcadère, leurs nattes de sommeil roulées en perche sur l'épaule et d'infimes bagages à la main. Pour le nègre, la natte équivaut au tapis pour l'Arabe.

Un petit vapeur, infiniment négligé, en amène un premier lot. A la proue, en pilote, un noir au feutre gris, affublé d'une invraisemblable vieille capote de livrée écarlate, dirige l'accostage. La cargaison, homme par homme, escalade l'escalier du bord et le spectacle est ahurissant : un monôme de vagabonds, une montée de la Courtille, un pèlerinage de mendigauds, le retour d'un pillage chez les fripiers d'une grande ville. En voici vêtus de la défroque d'un cocher de fiacre ou d'effets militaires de réforme, en voilà drapés dans des coupons de cotonnade versicolore. Tous nu-pieds avec la plante ambrée faisant une sandale artificielle qui tranche sur le noir terne et plombé de gris de leur peau. Des nippes et des chiffons écourtés sortent, en jambes de coq, les maigres fuseaux de leurs jarrets de singe. Les têtes rasées font saillie en genoux couleur de suie, ou sont coiffées de casques de rebut, de képis éreintés, de chapeaux éculés, de bassins en fer-blanc. Et pourtant plusieurs se croient des mirliflors, car ils brandissent des sticks à pommeau de métal, têtes de chiens, têtes d'oiseaux, dont, chez nous, s'enorgueilliraient les calicots. Ils s'éparpillent sur le gaillard d'avant et sur le pont de la coupée.

Le petit vapeur transporte quelques-uns d'entre nous au rivage : immédiatement en mon imagination surgissent des réminiscences de Paul et Virginie. Les faux-cotonniers dressent sur les gazons leurs troncs à contrefort qui semblent formés de la peau rugueuse et grise des éléphants. Çà et là un baobab suspendant à ses rameaux, au bout d'un fil végétal, l'encensoir de sa lourde fleur ou de son gros fruit ovoïde et feutré. De larges avenues verdoyantes et humides s'ouvrent sur des perspectives riantes et colorées qu'empanachent de hauts cocotiers ébouriffant leurs palmes entre lesquelles s'entassent les fruits jaunes en œufs d'autruche. Dessous, autour des cases cylindriques, à toits champignonnants, faites d'un tressage d'écorces, encloses de palissades légères, des bananiers en buisson et des lauriers-roses, adorablement fleuris, avec toutes les grâces et tous les souvenirs qu'évoquent la teinte charmante de leurs pétales et l'élégance penchée de leurs rameaux. Des vautours, nettoyeurs de voirie comme les chiens de Constantinople, planent nonchalants ou se branchent sur les cimes. Des négrillonnes, attifées d'étoffes à tons vifs, à demi flottantes, dansent sur les prairies, en se tenant par la main et gazouillantes. L'atmosphère est moite et caressante. Une paix ingénue enveloppe toutes choses. On se surprend à dire : Ici je voudrais vivre. — Hélas! cette idylle est un des sites les plus mortels de cette côte d'Afrique, scélérate et meurtrière !

Nous retournons dans un canotin où rament maladroitement deux gamins semblables à des ramoneurs. Un grain terrible tombe sur nous pendant le court trajet. Une averse magistrale nous cingle sans pitié. Le fleuve se gonfle en vagues qui achèvent l'aspersion. L'esquif furieusement assailli, échappe par hasard à la submersion ou au capotage. Nous accostons le steamer au milieu des cris d'effroi et, trempés, nous grimpons à bord en un sauve-qui-peut.

Il est stupéfiant, le bord. Pendant notre absence l'embarquement des Sénégalais a continué sans interruption, et c'est, à tous les endroits du pont, un fourmillement comme s'il y avait eu prise à l'abordage par une nuée de pirates. Combien sont-ils? Quatre cents, cinq cents, six cents? Plus de mille! me crie un passager aussi ahuri que moi. Nous allons donc être onze cents à bord du *Léopoldville?* Onze cents jusqu'à Matadi, pendant une quinzaine de jours? Mais oui, quoique cela paraisse invraisemblable, car vraiment où est la place pour ce troupeau qui est là s'agitant en gesticulations et en rumeurs, étendant ses nattes, cherchant gîte, épais et entassé, aussi serré qu'un public de meeting durant une période électorale acharnée ! Dans cet entassement, le caractère barbare de la cohue de ces sauvages accentue la parenté simiesque de chacun de ces êtres, les fronts fuyants, les yeux à sclérotique injectée de bitume, les dents carnassières, incessamment visibles et menaçantes, les lèvres surtout, les lèvres charnues, proéminentes en groin, pareilles aux organes gastéropodes des escargots et des grosses limaces qui vermillonnent, après les orages, sur les sentiers de nos bois en laissant derrière elles la trace visqueuse et argentée de leur passage.

Et des inquiétudes viennent devant cet étonnant spectacle. Si l'artiste éprouve une jubilation intense, l'homme, l'homme de Droit surtout, ratiocine. Un pareil encombrement d'émigrants, sans autre abri que des toiles, est-il permis, pour eux-mêmes et pour autrui? Vraiment, il s'est formé à bord une rare accumulation de facteurs pour la maturation d'une catastrophe. Explosion : n'avons-nous pas dans les cales soixante-dix mille livres de poudre et de dynamite, sans compter les caisses de cartouches des passagers? Incendie : n'ai-je pas vu hier enlever du pont et réunir sous la même écoutille un amoncellement de boîtes à pétrole et d'allumettes qu'il a fallu garer pour le campement des nègres? Naufrage : la mer, avec ses hasards, n'est-elle pas toujours là et notre navire n'est-il pas chargé à en crever, prêt pour un bon petit sombrage? Sauvetage impossible : nous n'avons que six canots, pouvant recevoir en tout cent cinquante hommes; quelle ruée et quelle bataille au couteau avec ces moricauds s'il fallait se les disputer! Épidémie : que va-t-il résulter de cette promiscuité de Cour des Miracles, de cette vie en troupeau, fatalement immobile, de malheureux soumis à toutes les malpropretés, à toutes les infections de la belle vie, que le docteur s'est déclaré impuissant à visiter sérieusement, et qui, dans ce pays classique des fièvres homicides, resteront exposés aux avalanches des pluies tropicales, au mal de mer et aux coups de mer inondant? Révolte : que deviendrons-nous, les blancs, si cette animalité, par colère de la faim, des intempéries, du regret d'avoir quitté les terres natales, s'insurge? — Nous les dompterons avec des jets de vapeur, m'a dit un officier. — Mais s'ils agissent la nuit, par surprise, comme des chacals?

Heureusement que les Catastrophes sont de singulières divinités infernales qui ne se décident pas facilement à entrer en mouvement et sont bienveillantes pour les téméraires ! Heureusement aussi qu'au cou des chemineux de notre singulière escorte pendent, en scapulaires, des milliers de gris-gris préservateurs, achetés aux féticheurs et qui conjurent l'œuvre des mauvais démons !

De Bathurst à Banana. — Sierra-Leone. Les *Sénégalais* à bord.

Du 19 au 29 août.

Décidément, en nos escales, nous ne sommes point partout les bien reçus. A Las Palmas, on nous a fait déguerpir dès que les autorités ont su que nous avions des explosifs à bord. A Sierra-Leone on nous a refusé « la Libre Pratique », la faculté d'aller à terre, à cause de la horde de nègres entassés entre nos bastingages. La localité a une renommée sinistre : *White men's grave*, le Tombeau des blancs ! et pourtant le Mulâtre musclé et agité qui, en qualité de commissaire du port, est venu faire la visite sanitaire, a maintenu à notre mât de misaine le drapeau jaune de la quarantaine, et, brandissant un exemplaire de la loi anglaise, mis en faction trois policemen noirs, armés du court gourdin, au haut de l'escalier de service. Il ont plus peur des maladies que notre chargement humain peut recéler que des fièvres et des dysenteries de leur terre immémorialement inhospitalière.

Il en a, il est vrai, subi de belles, ledit chargement humain, depuis Bathurst! A peine au large, nous fûmes chargés par des grains furieux appuyés d'une effroyable artillerie d'averses; pendant quatorze heures nous en subîmes les assauts acharnés à peine interrompus par des reprises d'haleine d'un quart d'heure. Les malheureux parqués sous les insuffisants abris des toiles basses tendues au-dessus de leur campement misérable, tenaillés, malgré leurs amulettes, par un roulis savant et un tangage brutalisant, affalés sur les planches, chancelant inertes et démoralisés, ont reçu, avec la régularité et l'inclémence cruelle des éléments éternels et insensibles, l'orage de la pluie et l'ouragan des coups de mer, « des baleines », lancés au-dessus des pavois par un vent frénétique. De leur conglomérat humide montait, comme d'une cuisson d'immondices, le fumet animal, tiède, aigre, poivré des corps malades et des estomacs chavirés. Un carrefour boueux dans une ville frappée de la peste! Un hôpital abandonné dont les lamentables pensionnaires seraient tombés dans les corridors en essayant de gagner les issues ! La vie fuyante et désespérée ne se révèle que par des plaintes de mourants !

Des tousseries rauques déchirent les gosiers. L'humidité est terrible pour ces tropicaux habitués aux températures sénégaliennes, couverts de la mince pellicule de leurs cotonnades et n'ayant guère de vêtements de rechange. Du haut de la dunette, où les vagues déferlant en éventail nous atteignent de leurs embruns, nous regardons cet aquarium, et, de nouveau, en l'âme fraternelle et songeuse, reparaissent les fantômes des iniquités sociales et l'émoi de l'incompressible énigme qu'est le contraste entre ce navire, miracle de progrès et d'ingéniosité, et l'horrible condition de ce millier d'esclaves qu'il charrie en vue d'un profit dont ils ne seront vraisemblablement que les victimes, véritable chair à industrie, analogue au charbon qu'on enfourne dans les foyers de la machine au piston infatigable battant, à coups sourds, le tambour dans les flancs du vapeur. Toutes ces forces humaines et matérielles, fonctionnant dans l'auréole des météores et dans la beauté pathétique du voyage, pour cette seule fin égoïste : le *Business !* les affaires, la stupide poursuite, par quelques fauves, quelques bêtes de proie, de la richesse hideuse et des jouissances avilissantes!

Il y a eu deux morts! La sombre faucheuse a abattu un pneumonique et tranché la vie naissante d'un petit enfant dont la négrillonne gentillesse s'élevait au milieu du tas telle qu'une paquerette noire sur un fumier. Le commissaire maritime mulâtre de Sierra-Leone a bien fait d'interdire l'accès du *Shore*.

Par faveur j'obtiens d'y aller. Il est juste que parfois, spécialement en pays de sauvages et de fièvres, la qualité de sénateur serve à autre chose qu'à être injurié par messieurs les journalistes. J'y vais avec notre capitaine et notre docteur. Gare au soleil, m'a-t-on dit, même adouci par les nuages; gare à vos tempes et à votre nuque; il est ici terrible et traître — et j'ai emprunté un casque blanc d'explorateur. Dès le débarcadère, nous sommes pris dans la chaleur moite et étouffante des serres où chez nous les orchidées retrouvent le milieu natal. L'impression d'une maladie pouvant vous saisir en moins de rien, surgit et inquiète. Le corps entre en suée lente ainsi qu'au Hamman. Sur la tête, on sent, au travers du liége épais de la coiffure, la pesée de l'astre-roi plombant droit du zénith, et l'on s'étonne de ne trouver, autour de ses pieds, qu'une toute petite ombre, informe, ramassée en paquet, un moignon d'ombre.

La ville, Free-Town, c'est Bathurst en grand avec un arrière-plan de montagnes dont les verdures, fondues à distance, émaillées de bâtisses à l'aspect de châlets de plaisance, font penser à Chaudfontaine ou aux Sieben-Gebirge du Rhin. Déjà cette impression m'était venue quand, ce matin au petit jour, nous longions la côte et que les cocottiers et les palmiers, caractéristiques des sites équatoriaux, pouvaient sembler des bouleaux s'espaçant au-dessus des taillis d'une colline ardennaise. C'est curieux ce rappel, en ces lointains, des paysages d'Europe et cette conscience que la différence ne tient qu'à des détails grossis démesurément et mis en vedette par les voyageurs qui veulent absolument avoir vu des choses extraordinaires afin d'apparaître eux-mêmes en bêtes curieuses et sensationnelles.

Très lentement nous vaguons par les chemins gazonnés que sont les rues, troués des larges éraflures d'un sol rouge. L'opposition des tons crus est d'une harmonie un peu dure mais séduisante. Des Bodegas, des boutiques, séparées par des jardinets où le bananier à larges palmes balayantes et le svelte laurier-rose tiennent surtout la place, les bordent, avec l'étalage en bazars de marchandises cosmopolites et râpées. Partout le nègre, anglicisé et évangélisé. Plus de nudité livrant à la vue le bronze des dos et des seins, si statuairement pointus et fermes chez les jeunes filles, si gélatineusement boudinés et ballottant chez les femmes. Du *cotton* britannique criard et ramagé, en emballage autour de tous les corps, les corps minces et souples des adolescentes, les corps énormes et tourellisants des matrones. Et de là sortent les têtes, les têtes et les mains, les mains noires, les têtes noires brunissant au soleil, donnant à nos yeux accoutumés aux nuances claires de ce miracle de frêles nuances « la couleur de chair », une répulsion causée par l'inharmonie, la tristesse de cette fuliginosité, le mécontentement de cette nuit matérialisée où le rythme des coloris raffinés est éteint.

Il n'y a qu'une centaine de blancs parmi les trente-cinq mille habitants de la place, résidu de ceux qui tentent l'acclimatement dans cette oasis perfide et que les fièvres paludéennes dévorent. Ce sont eux qui tiennent tout ensemble. Il n'en faut pas plus, de race supérieure à race inférieure. Car aux différences zoologiques de peau et de traits, superficielles, correspondent les différences psychiques, les vraies, les cardinales et c'est là que doivent regarder ceux qui, enfantinement, s'obstinent à poser encore le problème de l'assimilation du Noir au Blanc, par l'éducation et le temps.

A une heure du matin, après un laborieux et traînant embarquement de combustible, nous levons l'ancre par une majestueuse nuit lunaire. Notre camp girovague s'est augmenté d'un nouveau contingent, entre autres quarante « Kroo-boys » destinés à faire le déchargement : nous sommes maintenant environ douze cents à bord! Plus que l'équipage d'un cuirassé de premier rang! Tout ce monde, à cette heure, dort dans la paix morne du désœuvrement, de la fatigue et des privations. Ainsi, peut-être, s'en allaient les croisés de Richard-Cœur-de-Lion, en leur exode vers la terre sainte, ou les exilés du duc d'Albe vers les Amériques. La brise qui souffle de l'avant ramène sur le navire l'odeur répugnante de leur fermentation acide et berce d'un roulis doux leur sommeil de brutes. Au petit jour c'est un réveil garrulant, une agitation de guêpes. Les ballots humains, tantôt étendus comme des sacs jetés au hasard sur le pont, s'agitent, vont, viennent, gesticulent, tourbillonnent dans le bruit d'une jacasserie incessante. Le steamer, sur son large dos, véhicule cette foule, en un balancement paternel qu'accompagne le ron-ron continu de la machine et qu'orne sombrement le panache intermittent de la fumée. Ils ont envahi tous les espaces, ils encombrent l'avant, dégringolent dans la coupée qu'ils submergent, escaladent le spardeck, se nichent dans les haubans et sous les canots, se blottissent sous les roufs font de tout un perchoir, bloquent à l'arrière les passagers de seconde classe et ne laissent libre que la dunette pour les passagers de première. Vainement l'équipage s'efforce de les parquer par des barrières : ils débordent comme les hannetons d'une boîte où un écolier veut les contenir. Nous sommes des naufragés sur un écueil que battent les flots en multitude, une poignée de soldats luttant entourés, aux dernières heures d'une bataille. Il faut se résigner à l'envahissement ! Ah ! le singulier voyage d'agrément pour « les gens de cabine » que nous sommes ! Qu'importe, le pittoresque abonde et surabonde ! La compensation est princière.

L'Océan a, dès midi, mis ordre à leur tumulte, en recommençant la danse bousculante qui les avait matés au sortir de Bathurst. Voici de nouveau les secousses violentes, les saltations épiques et les puissants arrosages des vagues écrêtées et déchiquetées par le vent. La horde, reprise du vertige stomacal, vacille, s'affaisse et retombe dans le sommeil somnambulique et les transes du mal de mer. Ce n'est, de nouveau, qu'un amas de loques tachées par la saleté des têtes noires rasées à fleur de peau ou vêtues d'un court crépon laineux de caniche, des bras et des jambes nues déjetées, insensibles aux rasades salées qui jaillissent en affusions brutales. La nuit gagne cet amalgame lugubre. Par intervalles la pleine lune, dans une trouée de nuages, lucarne sinistre, semble regarder si les flots font bien leur besogne de tourmenteurs.

Jusqu'à l'aube, lente à paraître, dure cette persécution. Une délégation mouillée jusqu'aux moelles vient annoncer au Capitaine qu'un homme a dû être emporté pendant la tourmente nocturne : ses compagnons de planches ne le retrouvent plus ! — Qu'y faire? Qu'on le laisse à l'eau !

L'Atlantique semble en avoir assez. Voici le soleil ! La côte d'Afrique est visible, dentelée de forêts lointaines. Nous voguons par le travers de Libéria, où les nègres, livrés à eux-mêmes, tentent sans grand succès, depuis trois quarts de siècle, de se gouverner en république à la mode américaine, portant les institutions parlementaires à peu près comme ils portent nos vêtements.

Les négritiens, réconfortés par le calme, sont debout. Ils recommencent leurs turbulences de marché à Tombouctou, après la prière du matin dont, en fidèles musulmans, ils accomplissent les rites, tournés vers l'orient où gît la Mecque-la-Sainte, frappant et refrappant de leur front le pont sur lequel quelques-uns ont déposé une poignée de sable symbolisant la terre de l'Islam. Car, avant la récente invasion des peuples aryens sur tout le pourtour de la massive Afrique, demeurée si longtemps intacte et inconnue, l'Arabe, le sémite, définitivement repoussé d'Europe, tournant le dos à l'ancien champ de ses pillardes conquêtes, envahissait lentement ces contrées mystérieuses, massacrant le nègre ou le convertissant au Mahométisme. Le cerveau à parois étroites de ces rudimentaires s'accommode, mieux que du catholicisme mystique et compliqué, de sa théologie simpliste concentrée en de si rares et si faciles préceptes : Croire à un seul dieu, Allah; à Mahomet, son délégué sur la terre! à une vie future, paradisiaque pour les bons, impitoyable pour les mauvais; accomplir cinq devoirs : la prière avec les ablutions, l'aumône, le jeûne, la guerre sainte contre les mécréants, et, pour les plus fervents, le pèlerinage au tombeau du Prophète.

La température n'a rien d'excessif. Sommes-nous vraiment dans la zone torride avec la gerbe des rayons solaires tombant verticaux sur nous? Pour la première fois un beau couchant. Grâce à de décoratifs nuages, ce n'est pas seulement un aérostat de feu précipité dans les abîmes de l'horizon maritime. Les splendeurs méconnues des fins de jour dans nos pays de ciels étoffés de nues, sont retrouvées! Ah! si nos yeux moins ingrats savaient mieux voir les merveilles célestes de nos contrées du Nord! Si les défilés profonds que sont les rues de nos villes ne réduisaient pas à un pan dérisoire le spectacle émouvant du ciel toujours changeant!

Ces nègres, ces nègres! Décidément, ils occupent toute la scène, figuration énorme et pullulante du théâtre ambulant où nous sommes. Encombrement prodigieux, tel que celui des mouettes, des cormorans, des alcyons, des pétrels sur les rocs à guano. De même que les bourrasques équatoriales surgissent autour de nous, troublant d'un tourbillon brusquement formé, brusquement dissous, la paix des solitudes, dans leur cohue barbare, se noue tout à coup la ruée, la mêlée d'une « palabre ». Pour une calebasse pleine d'eau renversée, pour une cruche cassée, pour une préséance à la marmite où cuit le riz quotidien, pour une vétille, pour un rien indéchiffrable, une querelle s'éveille, gonfle, gronde et éclate furieuse. Ils sont dix, vingt, trente à enchevêtrer leurs membres, à se distribuer des claques sonnantes et des coups de poing sourds, à désarticuler en grimaces de cynocéphales, leurs visages noircis et glabres de pierrots à rebours, à faire mouvoir en miaulements les palettes de leurs langues rouges entre leurs dents blanches de carnivores mal guéris de l'anthropophagie. Pas de danger, du reste, que ces taloches fassent des noirs ou des bleus sur leur peau d'acajou. Il faut qu'un officier se jette sur eux comme un valet de chiens fouaillant une meute, arrache les matraques brandies et les jette par dessus bord, ou cadenasse aux poignets de quelques-uns les fers de justice; le premier lieutenant a failli envoyer à la mer une énorme flûte à petits trous, qui semblait un gourdin, propriété d'un va-nu-pieds en redingote et sans pantalon, qui prit les attitudes éplorées et suppliantes d'un roi à qui l'on arrache son sceptre.

Au déclin du jour, rapide, sous ces latitudes, comme un changement de décor à vue, déclin destitué des lentes douceurs de nos crépuscules, quand le désert maritime est gagné par l'ombre, et que s'assombrit l'indigo transparent des eaux, en mon souvenir apparaît, fantôme, l'œuvre dramatique de Géricault, *Le Radeau de la Méduse* : cette cuve sombre à large houle est celle qu'il a devinée ; ces haillons suspendus aux cordages et claquetant dans le sillage aérien de notre course sont des signaux de détresse ; ces corps allongés ou accroupis dans une immobilité funèbre sont des naufragés. En ces parages infréquentés, notre horizon reste vide : sombrer ici serait le sort douloureux des navires « perdus corps et biens sans nouvelles » !

Et, pourtant, à d'autres heures, le spectacle de cette mer, inépuisablement mobile en son uniformité, évoque d'autres rêves. Nous sommes au large des rives de Guinée, côte du poivre, côte d'ivoire, côte d'or, côte des esclaves. Un courant bienveillant nous charrie, les brises alizées nous éventent. Quand le ciel s'orne des clous d'or des constellations boréales déjà montantes, tandis que la Grande Ourse et son cortège, peu à peu s'enfoncent dans le Septentrion, je pense aux légendes des voyages fameux ou fabuleux, à Christophe Colomb, à Magellan, à leurs précurseurs dès longtemps surgis dans les imaginations devinatoires des peuples, — à saint Brendan, faisant voile hardiment vers l'ouest, avec vingt moines, à travers les merveilles ; visitant les républiques d'oiseaux qui rendent un culte à Dieu, en chantant aux heures liturgiques ; l'île des Brebis où ces doux animaux se gouvernent selon leurs lois pacifiques ; l'île Silencieuse qu'aucun bruit n'a jamais troublée, où les cierges s'allument d'eux-mêmes à l'heure des offices pieux ; à la Paque célébrée par le Saint sur le dos complaisant des baleines ; je songe à la promenade mystique du bienheureux dans le Paradis terrestre retrouvé ; à sa rencontre avec Judas l'Iscariote qui, une fois par semaine, sort de l'enfer, en récompense d'une bonne action qu'il a faite ; toutes les plantes ont des fleurs, tous les arbres des fruits, et quand il revient de ces terres de promission, frangées d'herbes ravissantes qui retombent dans des flots, ses vêtements austères en restent parfumés pendant quarante jours.

Le coq chante à bord : ces prestiges s'évanouissent. Un noir est tombé dans la chambre des machines. Il agonise ! Il meurt ! Ses compagnons poussent des lamentations. Ils l'enroulent de bandes d'étoffe, lui lient les bras et les jambes, le ficellent dans sa natte. Les matelots attachent au cadavre le fer de grilles hors d'usage pour le faire couler à fond loin des requins et le cousent dans une vieille voile. Un à un, les assistants viennent cracher sur le mort pour signifier : Tu emportes quelque chose de nous. Et à la Mer pour toujours !

Nous approchons rapidement de l'Équateur. Pourtant, les journées sont fraîches et les soirées froides à s'emmitoufler. Dans la clarté indécise d'une aube, nous passons au large de l'archipel portugais de San-Thomé dont la découpure montagneuse, empanachée d'arbres, se détache en cartonnage d'ombres chinoises. Deux pics, élancés comme des clochers et des beffrois, font songer à la silhouette d'une cité flamande dans les brumes du matin, et l'illusion se continue à mesure que l'avancée contournante du steamer en déplace lentement la double architecture. Une îlette se détache de la masse, Las Rolas, les Tourterelles : quatre cents hectares plantés de cocotiers abritant des champs d'ananas et des vergers de caféiers. Le jour naissant argente la mer d'une bague qui entoure l'oasis et s'achève, sur les rocs du pourtour, par une frange neigeuse de vagues déferlantes. Le soleil qui se lève pose derrière le paysage la gloire pourpre de son disque et étend du rivage au navire, sur les flots écailleux, le tapis somptueux d'une miroitante traînée d'or rouge, invitant au départ pour cette solitude enchantée.

On rêve de finir sa vie dans ce désert charmant, d'y trouver la paix toujours fuyante, de s'y baigner dans l'Harmonie de l'âme et du monde. Ah! combien tôt, sans doute, nous reprendrait la faim nostalgique des agitations humaines et des inéluctables sociabilités!

A la pointe extrême des Tourterelles, nous coupons la Ligne. Ici je reçus le baptême, *long years argo,* quand j'étais mousse à bord du *Vasco de Gama,* en route pour le Pérou. Plus rien des antiques cérémonies, dont les rites burlesques s'accomplissaient sous le sceptre d'un Neptune d'occasion, flanqué du bonhomme Tropique et entouré de sa cour de marsouins. Le « cant » ne s'accommode pas, sur les grands steamers, de ces réjouissances. C'est bon pour les *sailing ships.*

Dans deux jours, nous mouillerons à l'embouchure du Congo.

Banana, — le Bas Fleuve, — Boma.

Du 29 août au 6 septembre.

Me voici au Congo, à l'entrée du Grand Fleuve! Celui qui dépasse tous ceux du monde pour le volume des eaux restituées à l'inépuisable et toujours renouvelé réservoir des mers. Au Congo! par hasard, par cet abandon de la volonté à la poussée des circonstances, que j'aime comme le moins trompeur des guides au cours de la vie mystérieuse et fluctuante que nous croyons diriger et qui nous dirige, goguenarde et cruelle comme un enfant, dans ses fatalités cosmiques. Car, vraiment, je ne pensais, au départ, qu'à chercher quelque repos aux Canaries, à gravir le pic de Ténériffe, à dormir mes journées dans la vallée d'Orotava affirmée par Humboldt la plus délicieuse de la terre. Et me voici pris dans l'aventure d'un voyage compliqué, non exempt, certes, de fatigues et de hasards, dans une contrée inclémente. Pourquoi ? Que sais-je ! Besoin, quand on est sur une route, de s'enfoncer jusqu'au bout. Besoin d'entrevoir ce pays discuté qui chez nous tourmente les âmes, et revient, en murmure continu, dans nos agitations nationales. Besoin de réaliser des rêves de lointaine itinérance, remontant aux illusions de jeunesse, et de recommencer, une fois avant l'achèvement prochain de la vie, ce qui fut jadis une fuite d'adolescent, perfluant d'espérances, pris de curiosité et de folie vagabonde.

Depuis des heures la couleur des flots, blondissante, annonçait le mélange, à l'azur de l'Atlantique, des grandes eaux terrestres dévalantes, charriant et les limons des lits fluviaux ramifiés à l'infini dans l'immense bassin congolais et les détritus végétaux décomposés. Cette fois encore ce fut à l'aube que la ligne lointaine des côtes apparut, basse, uniforme, d'un brun grisâtre se transformant peu à peu en verdure engrisaillée. Le ciel est couvert, la température fraîche : l'impression et le paysage sont ceux d'une fin de septembre sur nos rivages. Ce n'est qu'à l'entrée dans l'estuaire vaste, désert et majestueux, qu'une tiède touffeur et la solitude, immense, ramènent au sentiment de la région africaine. Puis le détail des végétations, le dessin des feuillages tropicaux, les grandes ébouriffures des cocotiers mal peignés, les grêles armatures dont le lacis supporte, au-dessus des basses eaux des rives, le fouillis des rameaux et des racines superficiaires des palétuviers, achèvent la rectification des regards.

Banana grève de constructions éparses la corne d'un banc de sable, plantée dans l'embouchure du fleuve comme une canine dans une mâchoire. A l'extrême pointe, première chose, lugubre, que distingue l'arrivant et sur laquelle inévitablement il interroge, sans songer à l'émoi que fera sauter en lui la réponse, un cimetière! Là gisent, sous des croix, sous des pierres oubliées, des Hollandais, des Portugais dévorés par le Minotaure des fièvres, tous disparus avant l'heure normale de la vieillesse. Au milieu de beaux cocotiers, notamment ceux de cette avenue classique que la photographie complaisante aime à reproduire comme une attirance pour ceux que travaille le désir d'émigrer, s'élèvent, au-dessus d'une superstructure de piliers ou de pilotis, semblables à ceux des cités lacustres, les maisons en bois, à toiture de feutre, très blanches, badigeonnées de lait de chaux, visibles de loin et paisibles quand on arrive du large. Elles sont entre deux rivages : l'Atlantique qui déferle avec les grâces lourdes et ronflantes des vagues sur les plages de sable, se frangeant d'une écume épaisse, savonneuse, verdâtre, et la crique charmante, tranquille, enverdurée où s'est arrêté le steamer sur un bas-fond que son excessif tirant d'eau lui a fait toucher. Des jardins sablonneux où les cocotiers, en multitude, dressent, sur les chandeliers gris de leurs troncs annelés, la touffe des palmes et le conglomérat citron de leurs fruits. Des lagunes marécageuses essaient de jouer à l'étang dans ces petits parcs arides ; sur leurs bords de vase noirâtre, où, inextricables, s'enchevêtrent les palétuviers, de petits poissons grimpeurs sautent, et manœuvrant de larges nageoires, moignons de pattes, se hissent, agiles et bizarres. Quelques ponts rustiques à claire-voie. Un aspect général rudimentaire et commercial, monotone, d'une relative séduction. Rien du décor idyllique de Sierra-Leone et de Bathurst. D'affreuses et puantes « chim'beks », tanières en bambou des nègres natifs, aides soumis des factoriens qui ont là leurs établissements de concentration et d'échange, mettent une note de misère en cet ensemble mélancolique, silencieux et résigné.

Mais, dans l'alentour, se développent les beautés harmonieuses de l'entrée célèbre du fleuve. Des îles verdoyantes la peuplent d'un archipel reposé. Les perspectives indéfinies de ses eaux ouvrent partout les méandres de leur dédale attirant. Une majesté sereine orchestre des tonalités douces d'aquarelle aux teintes plates. A l'arrière-plan, des collines d'ocre jaune bornent l'horizon d'une plinthe en ligne droite sur laquelle pose la retombée du ciel. Pas un bruit, — si ce n'est à bord où notre chargement humain pullulant, odorant et simiesque continue les rumeurs des futilités de son existence sauvage, de gros cure-dents en baguettes à toutes les bouches pour y faire un travail ininterrompu de nettoyage et de polissage des mâchoires carnassières éblouissantes de blancheur,

Mais sur le rivage, rien! Tantôt, quand est arrivé le vapeur à la coque gigantesque, soufflant la stridence de ses signaux et les appuyant d'un coup de canon évaporant le son en fumée, c'est à peine si quelques nonchalantes créatures ont tourné vers la rade leurs placides et indifférents visages. L'étonnement pour les merveilles de la civilisation des blancs semble un sentiment presque inaccessible à ces cervelles dures, incapables de concevoir l'effort millénaire et les étapes innombrables qui furent nécessaires pour passer des ignobles pirogues à pagaies, creusées dans un tronçon d'arbre, pareilles à de vieilles galoches en caoutchouc éculées, qui circulent autour de nous avec leur équipe de chimpanzés, et le prodige d'un transatlantique. Et cette pensée s'impose de nouveau : l'illusion ridicule de ceux qui espèrent leur faire accomplir par l'éducation le chemin historique, cruel et immense, que notre race a parcouru au milieu des enthousiasmes et des souffrances.

Il a fallu alléger. C'est la saison sèche, la saison des basses eaux. Jamais, assurent les pilotes, le *Léopoldville*, chargé jusqu'aux barrots du pont, ne passera, avec sa flottaison, les bancs de Matéba. Et tout l'après-midi, et toute la nuit, au milieu du vacarme et d'un gaspillage inouï d'efforts, les kroo-boys ont sorti des écoutilles de l'avant des dames-jeannes et les énormes barils remplis de rhum de traite à quarante centimes le litre, les sacs de sel, le charbon en briquettes. Le soir, du haut de la dunette, à la clarté des papillons électriques allumés à bord, je regarde l'étrange et saisissant spectacle de cette cohue se démenant au milieu des Sénégalais dormant, innombrables, dans les linceuls gris de leurs haillons, rangés ainsi que des cadavres de mineurs retirés de la fosse après un coup de grisou. Les rayons et les ombres les tachent fantastiquement. Ceux qui rêvent remuent lentement sous l'étoffe comme des blessés revenant à la vie. Au-dessus le navire dresse les grandes antennes mouvantes des grues de déchargement. Les ballots balancés passent en projectiles de catapultes. Les poulies grincent, les engrenages des treuils rapidement dévidés criquètent, les faces de noirs semblent des trous ouverts sur les ténèbres. Inoubliable mise en scène d'agitation et de sommeil, de silence et de tapage, de sombreur et d'éclat, d'Europe et d'Afrique.

La marée haute du lendemain matin nous renfloue. En route pour Boma, la capitale de l'Etat naissant : environ la distance d'Anvers à Flessingue. Le navire est resté bien lourd; passerons-nous?

Mes yeux et mes pensées sont tout au paysage. Le fleuve a la planitude et la teinte du verre mat, car ses eaux sales que l'hélice baratte en lessive châtaine reflètent un ciel nuageux qui les emperle et les engrise merveilleusement là où rien ne trouble leur immense étalement. On dirait un beau lac savamment échancré entre des rives empanachées de splendeurs silvestres. Partout des presqu'îles et des golfes, des contours mollement arrondis, une verdure continue et opulente, sans une tache d'aridité, sans un crevé de déboisement. Les arbres ne sont pas hauts, ils n'ont pas la beauté sévère de nos wagnériennes forêts de hêtres ; mais l'étrangeté, pour nos yeux, des végétations équatoriales ! Quand nous serrons la rive, les palmiers foisonnants baignent dans les eaux les gerbes de leurs feuilles. Et ces plantes de serre, ici prodiguées, augmentent l'impression d'un gigantesque domaine royal aménagé pour la joie des regards. Tout pourtant a l'apparence d'une peinture de décor, procédant, par larges lampées plates, sans l'infinie variété des nuances, incomparable séduction des coloris du Nord.

Cela dure des lieues ! Ce péristyle du Congo est admirable de majesté pacifique. C'est ici, pourtant, qu'encore au cours de ce siècle, venaient mouiller les négriers et qu'ils embarquaient leur infernal chargement vivant de « Bois d'ébène ». C'est ici qu'on s'approvisionnait de chair humaine pour le Moloch de l'esclavage. Oui, parmi ces beautés, oui, parmi cette paix !

Mais les magnificences reposantes de cette

oasis fluviale prennent fin. A notre gauche commence l'île de Matéba avec ses milliers d'hectares de pâturage où se font les essais d'élevage du bétail. La forêt riveraine n'orne plus le paysage. Des rives basses, de sable, sur lesquelles, avec les jumelles, on découvre, çà et là, en masse difforme et imbriquée, un crocodile. Des plaines buissonneuses bornées, très loin, par des collines à surface indistincte. De nouveau des rappels, dans les grandes lignes, de paysages européens. Ah ! combien vraiment la surface terrestre se répète, et combien les mêmes éléments se retrouvent, concentrés chez nous en espaces restreints, ici délayés en espaces énormes !

Nous approchons des fameux bancs où, avant nous, plus d'un navire s'est échoué, si près, pourtant, de sa destination. Mais le sort aime les dérangements de la dernière heure. Un pilote, tout de blanc habillé, rébarbatif et très bien rasé, important d'allures et disant, de la tête aux pieds, de ses bottines irréprochables à la visière démesurée de sa casquette à quadruple galon d'or : « Je suis sûr de mon affaire ! » arpente la passerelle avec l'autorité d'un Nelson et nous donne confiance. Ah ! bien oui ! un choc à culbuter toute la vaisselle du bord, un long frottement doux mais angoissant qui fait passer par les semelles jusqu'au cœur un singulier émoi, les mâts qui vibrent comme des cordes de violon, et nous voici en plein sur un bas-fond, mais là bien en plein, avec l'avant qui a remonté d'au moins deux pieds et le steamer qui donne de la bande sur tribord ! Stupeur, effroi, colloques, courreries. Il paraît que c'est un banc qui, réglementairement, ne devait pas se trouver là ! Coquin de banc, va !

Avec frénésie, l'hélice fait machine arrière. Nous ne bougeons pas. Ah ! que nous sommes bien encastrés ! Mais sans découragement, avec l'entêtement des résolutions fondées sur l'espoir dans le hasard, l'hélice fait machine en arrière ! Obstinément, bêtement, l'hélice fait machine en arrière ! Et, en effet, après des heures et des heures, la nuit venue, voici, on ne sait pourquoi, que, tout à coup, le steamer bouge, bouge, bouge, se dégage, flotte. Hurrah ! Il pouvait rester ici huit jours, quinze jours, toujours ! Car vite, vite, ces lourdes masses descendent dans les sables, sont prises, bloquées, cernées, résorbées, ainsi qu'un cavalier dans une tourbière. Hurrah ! Nous sommes en pleine eau !

Le grand banc de Matéba nous barre quand même la route. Et devant la frange sournoise dont il moire les eaux du fleuve, nous mouillons. L'allègement de Banana a été insuffisant. Il faudra plus amplement dégarnir les cales. Et Boma qui est là-bas, pas bien loin, dont on nous aperçoit, apparemment, avec le télescope!

Une nuit dans le calme de cet ancrage. Des brûleries de grandes herbes mettent en dix endroits de l'horizon bas qui nous encercle des lueurs d'incendie. Pourquoi ces dévastations? Pour fertiliser la terre par des cendrées? pour détruire les moustiques? pour chasser les serpents? pour traquer les antilopes? pour faire la plaine libre aux voyageurs? pour honorer Zambi le Grand Esprit? pour imiter les ancêtres? pour produire des nuages de pluies? pour découvrir l'approche de l'ennemi? pour empêcher la putréfaction végétale à la saison humide? Choisissez, devinez, démêlez : comme pour tout ici, des explications multiples, contradictoires, baroques, raisonnables, ridicules, admissibles, inadmissibles. On ne sait pas! On ne sait jamais!

Le lendemain, au jour pointant. A gauche de notre navire, élongé au cours descendant du fleuve, un vaste paysage plat, marécageux, embruni de végétations courtes : suis-je aux environs campinois de Genck? Ces collines cravatant l'horizon sont-elles la dorsale limbourgeoise? Cette chaleur solaire, non cuisante mais lourde, est-elle celle d'un midi orageux d'août en Belgique?

Voici un steamer de rivière qui approche. Branle-bas! La moitié de nos passagers veut nous quitter, pris de l'impatience de l'arrivée, et monter à Boma. Eh bien! embarquez-vous! Et ils s'embarquent dans un tohu-bohu de bagages amenés, traînés des cabines et des cales. Ah! le besoin de lâcher la mer pour la terre, pour le vieux plancher immobile et sans bastingage!

Des vides, donc. Des tables dépareillées. Des coins tout à coup déserts. Tels des hiatus dans la denture. Et voici que nos nègres deviennent plus entreprenants, plus insolents. La moitié de notre garnison de blancs n'a-t-elle pas déménagé? Ils envahissent de plus près ce qui nous restait du pont. Ils viennent sous nos nez épancher leur parfum de denrées coloniales avariées, éplucher leurs vermines variées, étaler les maladies cutanées qui font ressembler plusieurs d'entre eux aux vieux murs rongés de salpêtre. Et leurs tumultueuses palabres se meuvent avec plus d'impudence : tantôt il y eut une gesticulation furibonde, les mains ont giflé les bouches maflues et les poings ont martelé les tignasses laineuses avec un entrain qui a mis des saignées de pavots écarlates et d'œillets rouges sur ces crânes de dogues et ces faces de mandrilles. Un missionnaire anglais est intervenu au nom du Dieux de paix et de miséricorde : on l'a saboulé! Il a fallu se battre pour mettre aux fers « les meneurs ». Décidément, il est temps de déguerpir!

Et comme deux compatriotes installés à l'île de Matéba, là proche, m'offrent de voisiner chez eux, je pars en canot vigoureusement pagayé par six nègres. Ah! qu'ils font bien travailler leurs palettes, les six nègres! Quelle cadence appuyée d'un chant monotone de nègre!

Deux jours j'ai reposé là, dans la paix d'une rusticité de soldat au campement. Les repas improvisés, les ratatouilles locales, les cuisines à la diable, paraissant délicieuses. Les bavardages affectueux et osés qui s'épanouissent entre hommes dans les solitudes où l'on savoure tant de choses, où l'on se souvient de tant de choses, de la patrie, des amis, des amies. Puis le sommeil, peuplé de rêves, de désirs, de l'espoir des joies du retour, sur la couchette envirginée et emprisonnée d'une blanche moustiquaire, dans une chambre sans vitres, tandis qu'au dehors le cliquetis des feuilles de palmier en éventail donne l'illusion d'une pluie qui choit en grosses gouttes plates. Le déjeuner, au réveil, sous la vérandah, meublée en garçonnière négligée, garnie de persiennes en roseaux filtrant un courant d'air. Le départ pour visiter un troupeau de mille bêtes entassées entre les barrières d'un kraal et qui défilent, au lâcher, dans l'accompagnement de mugissements sans nombre, les veaux nés dans la nuit encore mouillés des eaux de l'amnios maternel, trottinant chancelants dans la horde ; la flânerie vers un village de natifs, éparpillant ses huttes en paillons, déhanchées et sordides, aux environs de baobabs balourds ; vers un cimetière barbare où les tombes récentes, nombreuses, tumulant un champ mal tenu de manioc, sont ornées de bouteilles vides d'Ale, de Spontin, de Champagne, de pickles, d'assiettes cassées ; la promenade par les sinuosités d'un sentier où moucheronnent en bande les bengalis, fusant comme une volée de gros plombs ; un sentier se débobinant à travers une bruyère parsemée de pins sylvestres, non, à travers une savane parsemée de cocotiers ; mais combien l'illusion est poignante ! Ah ! ces réminiscences opiniâtres, et ces ressemblances avec la patrie;

la patrie! plus douce pourtant, et plus belle, et plus harmonieuse, oui plus belle malgré toutes les fanfaronnades et les illusions gasconnes des voyageurs.

La chaleur est dure, dure! Un commensal, un Hollandais, a dû nous quitter le matin, pris brusquement de fièvre violente : et pourtant c'est ce qu'on nomme « un vieux Congolais », il a six ans d'Afrique. Climat sournois, climat aux imprévues perfidies.

Des coups de sirène rauques et répétés sur le fleuve pendant que, nonchalants, nous reposons en pleine moiteur de serre. Un petit vapeur qui se démène et qui s'amène. Qu'est-ce? On a appris à Boma qu'il y avait un Sénateur en détresse et on envoie le sauveter. Décidément ça sert à quelque chose d'être père conscrit, ne fût-ce qu'à rompre le bonheur de se croire à mille lieues des puérilités sociales! Soit! embarquons et filons. Filons, filons, filons! vers la coloniale capitale, vers Boma, vers Bruxelles-en-Congolie!

A grande vitesse nous longeons la rive à peine émergeante où grimpent, largement piétinés, les chemins de montée formés par les hippopotames quand ils cheminent vers leurs pâturages nocturnes. Encore une fois rien d'exotique, sauf cette indication d'une animalité invisible. C'est le bas Escaut, c'est le bas Danube, c'est n'importe quel fleuve européen coulant parmi les ensablements de son embouchure. Dans les lointaines transparences d'une atmosphère de cristal sont délinéées les hauteurs rocheuses à travers lesquelles, aux âges fabuleux, s'est frayé un passage ce Congo fameux que les Portugais nomment plus euphoniquement Zaïre. Sur l'une d'elles, en signal, un monolithe pareil au clocher d'une église de village.

Au crépuscule prenant, apparaissent, en blocs blancs parsemés sur le rivage et sur la pente, les constructions de la ville naissante. Nous abordons dans l'obscurité tropicale brusquement tombée comme un rideau.

Rien, ce premier soir, qu'une installation sommaire. Un hôtel choisi, puis remplacé par un autre à raison de détails par trop inconfortables. Des tâtonnements dans la nuit. L'impression trompeuse, invariablement grandiose, des choses entrevues pour la première fois parmi la magie des ténèbres. La prise de possession, dans un vaste bâtiment tout entier en tôle à panneaux repoussés, d'une chambre spacieuse dont le plafond pose sur des épontilles de navire. Quand, les fenêtres closes, je me suis étendu sur le lit rudimentaire, croisent, d'un vol mou et agile, des chauves-souris ; elles m'éventent en happant les moustiques qui susurrent dans le nimbe tiède du visage. Entre les parois creuses, les cloisons à double fond des murs métalliques, des rats déboulent et sautent pour des palabres énigmatiques.

Durant trois jours, sous la direction de fonctionnaires éminemment aimables pour le singulier législateur qui a choisi le Congo comme villégiature de vacances, je visite « les curiosités »; on me fait accomplir « le tour du propriétaire ». Tout l'administratif m'est exhibé et expliqué avec une courtoisie charmante. Mais pour l'instant je ne veux fixer que mes impressions d'artiste, ce qui fut la fleur et l'ornement de cette aventure où, pourtant, l'homme d'étude ne fut jamais absent sous les sensations pittoresques. Je reviendrai à cette part des pensées remuées en moi durant ces trois mois de concentration obstinée et violente sur un sujet unique, en plein dans l'ambiance où il se déroule, en compagnie d'âmes incessamment occupées de lui, épanchant, sans interruption, ce qui fermente en elles pour l'édification de qui sait les écouter et synthétiser leurs perfluences.

Boma a de la grâce, mais une grâce gauche

d'adolescente. Les insuffisances des choses en formation et les négligences de ce qui n'a pu encore s'harmoniser. Une ville de garçons! Un débraillé, non sans l'élégance officielle faite d'uniformes et de raideur. Les agents de l'Etat, tout de blanc vêtus, émaillent les perspectives et renforcent le bronze, aux tons sourds et tristes, des moricauds. La femme européenne manque, ou à peu près, et avec elle l'ordonnance proprette, et la réserve, et la galanterie. La verdure, les arbres, les ombrages, les fleurs ont l'aspect embryonnaire et miséreux des plantations récentes; ils n'étoffent pas les lieux des plantureuses parures végétales de Bathurst et de Sierra-Leone. Il n'y a de vieux que quelques baobabs, en cette saison sans feuillage, courts et lourds comme des éléphants, n'ayant, à leurs rameaux uniformes, d'autre parure que leurs gros fruits veloutés ridicules, suspendus à foison au bout d'un fil comme des rats par la queue. Les maisons quadrangulaires à toits presque plats faisant large auvent sur les vérandahs qui les ceinturent, sont espacées la plupart, telles que des villas jalonnant les dunes ou le penchant des coteaux. Un demi-cercle de collines rocheuses arides, revêtues de la courte toison en brosse d'une herbe en ce moment brûlée, pose ses deux extrémités sur le fleuve et entoure cette agglomération capricieuse. La nappe d'eau, vaste autant qu'un lac, fait à l'ensemble un parvis magnifique où rien ne gêne la vue pour la merveille des couchants, brève ici et rare. Certes, on voudrait un site moins destitué de la beauté des bois et du charme des environs idylliques et ombreux de nos villes ; mais le paysage a la grandeur sévère des monts dont la ligne ample et sinueuse garde la beauté d'un style débarrassé de tout accessoire, et que l'on contemple en redoutant d'en parcourir le monotone et fatigant désert.

Le Moyen Fleuve. — Matadi.

Du 6 au 12 septembre.

Le *Léopoldville* est monté à Boma, libéré enfin de sa longue station devant le banc de Matéba. Les Sénégalais ne hérissent plus ses ponts : des allèges l'en ont dépouillé. Un lavage à grande eau lui a rendu la netteté qui fit, au départ d'Anvers, l'admiration des badauds. On ne croirait pas qu'il a subi quinze jours durant la charge d'un déshonorant fumier. Il flotte digne et correct autant qu'un député fêtard au lendemain d'une noce.

Je retrouve ma cabine, étroite et paisible autant qu'une cellule de moine, et nous prenons route pour gagner, à l'amont, Matadi, Anvers-en-Congolie, qui, certes, eût mérité, mieux que Bangala sur le haut Congo, ce rappel de la géographie patriale. Lentement nous défilons le long de la rive où s'allonge un chemin de terre, en boulevard rudimentaire.

Voici le baobab historique sur lequel Stanley grava son nom au terme de sa fabuleuse descente du fleuve, jusqu'alors inconnu si ce n'est à son embouchure et à sa source : un factorien l'a sacrilègement ébranché de crainte que les rameaux ne chutent sur la baraque où il combine les opérations de son *Business*. Voici les tronçons de mât des ci-devant comptoirs où les négriers trafiquaient de la chair nègre, ayant des kraals de noirs comme on a des kraals de bétail, jouant leur marchandise humaine aux dés, essayant sur elle leurs fusils, la noyant à fond en chapelet, les têtes prises dans des nœuds coulants, quand approchait un croiseur de guerre. Voici les factoreries (elles nous saluent du drapeau) où l'on échange imperturbablement d'enfantins et dérisoires objets de pacotille contre l'huile de palme, le précieux ivoire, le valuable caoutchouc et la coconotte apportés par les natifs naïfs. Voici l'épave du *Matadi*, steamer grand autant que le nôtre, que l'explosion d'une imprudente cargaison de poudre amputa de son avant et dont les cabines noyées recèlent encore les cadavres de l'équipage surpris par la catastrophe. Voici l'île des Princes, où l'on exile les dames de couleur dont les appas gangrenés pourraient compromettre la santé immaculée des blancs fraîchement débarqués à Boma : au bruit de la sirène du vapeur elles accourent, groupent sur un débarcadère sablonneux leurs affublements versicolores et esquissent des gestes implorant la délivrance.

Le paysage s'érige en perspectives de monts sévères crevés d'un défilé au profond duquel le Congo roule l'énorme masse de ses eaux. Des croupes pelées aux lignes imposantes plongent leurs bases abruptes dans le fleuve. Parfois, aux aisselles des escarpements, la toison rare des verdures; ou, dans quelque crique alluvionnée de limons séculaires, les palmiers chevelus dont les longues feuilles inférieures desséchées pendent autour du tronc ainsi qu'un pagne effiloqué sur les cuisses d'une négresse. Après de longs espaces, le groupe blanc des constructions d'une factorerie perdue dans ce désert de rochers belliqueux contenant dans la tranchée de leur lit d'un kilomètre de large le rapide et puissant courant moiré des remous incessants qui girent silencieux et redoutables autour du nombril en spirale des tourbillons. Des aigles pêcheurs noirs, à camail blanc ou jaune, croisent silencieux et fiers; des oiseaux nagent entre deux eaux, n'émergeant qu'un long cou flexible qui fait croire à quelque serpent fluviatile inspectant l'alentour. Le ciel enfloconné de nues grises, les sommets lourdement arrondis, les versants en étages, les impasses apparentes transformant le fleuve en lac, font penser à la vallée du Rhin entre Coblentz et Bingen, mais ravagée par un conquérant impitoyable qui aurait rasé les villes, abattu les arbres, coupé les vignobles, ne laissant sur les cimes et sur les pentes que l'herbe courte et stérile, insuffisante parure d'un paysage sombre, grandiose et isolé.

Quel contraste entre ce couloir qui inaugure la région du Congo moyen et l'embouchure sereine et enverdurée du fleuve à Banana ! Les deux spectacles ont environ la même durée panoramique. L'un est le drame, l'autre l'idylle. L'un s'achève par la riante Boma, l'autre par le farouche Matadi.

C'est au détour du plus sombre jet des roches riveraines, du Chaudron d'Enfer et de ses tourbillons qui parfois triomphent de l'avancée des grands steamers, que Matadi, la « Ville des pierres », apparaît, grevant le versant de la lèpre de ses constructions ou plutôt de ses baraquements récents, parmi des éboulis semblables aux terrils charbonniers. Tout est jeté là au hasard des nécessités commerciales et du caprice des bâtisseurs. Campement de pionniers, de chercheurs d'or, n'ayant, en leurs cervelles avides, d'autre préoccupation que le profit, d'autre règle d'humaine activité que l'intérêt. Business! business! business! Ce mot d'ordre égoïste qui a dénaturé et avili la grande âme saxonne, et fait de la bourgeoisie anglaise une caste douteuse de marchands sans chevalerie, est ici crié par toutes les actions des hommes et par tout l'extérieur des choses. De Matadi par le chemin de fer. Matadi est la tête de ligne imposée par la force railleuse des hasards naturels. Matadi deviendra un grand entrepôt entre la mer et la terre. Qu'importaient dès lors et le charme des lieux et la torélabilité du climat? L'utile, l'utile et rien que l'utile, au moins dans l'appréciation fragile des pauvres gens que nous sommes, car comment ne pas espérer qu'un jour la Beauté sera inévitablement d'accord avec ce cruel Utile obstinément préféré et en apparaîtra comme le signe fatidique?

Oui, ici, pour cet Utile odieux, l'existence est organisée en des conditions telles qu'on se demande si vraiment c'est encore la peine de vivre quand la vie s'exile dans un ensemble aussi destitué de ce qui peut la rendre douce et désirable. Obsédante contradiction dont l'Humanité contemporaine, éprise de rêves sociaux fraternels, entrevoit enfin la folie! Produire des richesses, encore et toujours, sans jamais réfléchir qu'elles n'ont de justification que le bien-être social qu'elles procurent. Sacrifier à cette production, vénérée en elle-même comme un Moloch, ceux qu'elle devrait servir, soulager et rendre heureux. La transformer en un organisme de souffrances et de mort pour des milliers d'êtres. Etablir une ville dans un site meurtrier dont le pittoresque inclément et sauvage n'est fait que de stérilité et d'effroi. Pour ce chemin de fer, pour cette œuvre de civilisation, faire périr par des travaux cruels, en multitude, les misérables, livrer au Destin ravageur comme un chef d'armée ses régiments au fauchage des balles. Aboutir, finalement, à l'augmentation des fortunes parasitaires d'inconnus qui, vraisemblablement, ne viendront jamais en Afrique subir l'oppression des températures déprimantes, bonnes seulement pour les végétaux de serre chaude et infligées aux exilés volontaires. Et ces parasites eux-mêmes, déçus dans leur mirage de bonheur obtenu par l'opulence, dérouleront dérisoirement leur vie parmi l'ennui, les blasements et la désespérance d'atteindre l'idéal, fût-il l'idéal grossier des basses jouissances !

De la vérandah d'une des maisons sommaires de ces lieux en formation, mi-villa, mi-chalet, où, pour me préserver du terrible et tracassant tapage, diurne et nocturne, qui ronfle sur le navire en déchargement, un ami me donne l'hospitalité, un de ces amis transitoires que fait éclore le voyage comme un jour de chaleur humide les fragiles et charmantes orchidées ; de la vérandah, haut sur l'escarpement qu'escalade la ville naissante, je songe ainsi, en un matin gris, car de jour en jour augmente au ciel le stock des nuages qui bientôt vont se diluer en averses durant la saison des pluies qui approche. En bas, très bas, le Congo, encerclé de montagnes sourcilleuses, semble un lac suisse immobile. Sur la rive d'en face zigzaguent les premiers lacets, à l'aspect éreintant, d'un sentier de caravane, un de ceux que durent suivre les premiers colonistes et qu'a destitué le chemin de fer. Au débarcadère, le *Léopoldville* où bruissent les treuils et dont la coque en réparation s'est tachée d'une rougeole de minium. Les hangars de la gare développent aux regards le désagrément amer des toitures de zinc. Puis des rails, des wagons, des ballots, accessoires obsédants, vulgarisant cette Afrique massive et revêche, la réduisant au dénominateur commun des installations industrielles. Les fumées mêmes ne manquent pas, les fumées noires et sulfureuses des usines : de la gare elles montent empester le balcon où, réfugié, je délinée mélancoliquement ces alphabétiques signes, grêles oiseleurs de pensées. N'ai-je pas le besoin pour d'autres, pour quelques autres qui m'aiment et dont je vois flotter en moi les lointains fantômes, de fixer les fugitives impressions de mon âme, ici exilée, frissonnant et se ridant sous le réactif de cette sauvage, brûlante et âpre solitude en laquelle rien de durablement fraternel et tendre ne semble circuler?

De mon observatoire, j'ai vu, tantôt, à la lorgnette, se préparer le départ, pour le haut Congo, d'un groupe de passagers qui partirent avec moi d'Anvers, compagnons rendus intimes par la vie resserrée du bord et dont la Destinée me sépare aujourd'hui presque aussi sûrement que le ferait la Mort. Les adieux se sont faits hier soir après un dîner sommaire au caravansérail de l'endroit. Peu de gaîté, plutôt une gravité triste : cette Afrique est une divinité sévère, sœur des Kères annonciatrices de deuil, dominatrices des dieux et des hommes, qui promènent leur vol sinistre au-dessus des épopées homériques. Il suffit de l'entrevoir et de la toucher pour en éprouver l'inquiétude et sentir diminuer en soi l'aptitude au rire. D'autres aussi étaient là, descendant « du Haut », émaciés et peu verbeux, ayant le silence des fatigues, des maladies et des longs isolements. Il seront à bord avec moi au retour, continuant, en leurs causeries lasses de revenants, les épanchements révélateurs que « la relève », venue avec moi, avait commencés en ces bavardages d'arrivants saturés d'espérances. Voir le pays ici est quelque chose : voir et écouter les hommes est bien davantage !

J'ai assisté à une séance du Tribunal, curiosité obligatoire pour le jurisconsulte que je demeure, même en voyage. Audience correctionnelle. Un seul juge et un substitut, de ces jeunes que tente irrésistiblement la lointaine aventure et sur qui opère cette séduction morale qui est peut-être le plus sûr profit des Colonies, le besoin du départ, les rêves imaginatifs d'une vie libérée des habituels emboîtements, du quotidien et irritant déjà vu, de l'intolérable ennui de la répétition des mêmes choses. Le local est à peine un abri contre les sournoises insolations qui ici perpétuellement vous guettent, même quand un épais matelas de nues s'interpose entre le soleil et le sol et qu'on s'est coiffé de couvre-chefs variés à double fond. C'est une chambre étroite de baraque en bois, aux matériaux visibles, revêtus d'un blanchiment lépreux; un nid d'hirondelles est maçonné aux solives du plafond où le vent agite d'amples et vétustes toiles d'araignées. Une longue table, dont les quatre pieds baignent dans des boîtes à sardines remplies d'eau, fortification contre les entreprises dévastatrices des fourmis voraces. Sur la table, en tapis, une pièce de toile à sarrau, indigo. Aux parois, une vieille carte du Congo, un calendrier européen ayant pour vignette une élégante Parisienne descendant d'un coupé armorié.

Les deux magistrats, arrivés en casque blanc, en veston et en pantalon de meunier, en bottines de cuir jaune, ont simplement mis par-dessus le casaquin les toges noires que des « boys » ont apportées de leur domicile privé en même temps que les chaises indispensables. Le greffier est en complet de toile grise. L'huissier de salle est un nègre qui a revêtu une redingote de fripier par-dessus un pagne et l'a serrée d'une courroie jaune. Pieds nus l'huissier, pieds nus le soldat congolais qui fait le gendarme, et ces pieds déplorablement plats, fatigués, rapés, usés. On juge un blanc réfractaire au règlement sur la fermeture des cabarets, et des mercenaires noirs dont les visages semblent cirés de frais, aussi luisants que des bottes : l'un s'est saoûlé royalement, un autre a tenté de fracturer la caisse pour laquelle il faisait sentinelle, un troisième a volé une dent de léopard! L'instruction est patiente et intelligente. Puis on condamne comme chez nous, on ordonne l'arrestation immédiate comme chez nous. La peine principale est la servitude pénale, le travail en plein air, les corvées par escouades de prisonniers attachés deux à deux par des chaînettes de chevaux au ratelier.

Vraiment, la Justice, se manifestant en une telle ambiance rustique et sommaire, ne laissant voir dans le prétoire que l'intellectualité de l'œuvre, dépouillée du matériel décor qui parfois la masque et l'écrase en faisant penser aux grandes lanternes sans lumière, ne déplaît pas, et l'on rêve aux organismes, peut-être ceux de l'avenir, où les cérébralités seules fonctionneront, grandes par elles-mêmes, en une simplicité monastique, dédaigneuse des lourds et cérémonieux appareils.

L'audience a été suspendue dix minutes

pour permettre au tribunal de prendre du bismuth et du laudanum : il ne faut pas que ce Congo goguenard perde ses droits régaliens sur la santé des blancs. Cela s'est fait sur le bureau où le planton nègre a apporté une pharmacie de campagne.

Comme ailleurs, en ces pays d'Afrique équatoriale, c'est le noir qu'on voit partout. Pensez que la masse, supposée de trente, de vingt millions d'unités, en ce territoire colonial grand comme quatre-vingts fois la Belgique, est à peine tachetée par treize cents blancs. Moins certes qu'un nuage de poudre de riz sur le teint d'une mulâtresse. Ils circulent, ces noirs, obscurs en leur psychologie rudimentaire, fongibles pour le nouvel arrivant qui, sous le masque sombre de leur peau pigmentée, ne démêle pas les nuances individuelles. Sur ce qu'ils sont, sur ce qu'ils valent, d'innombrables cancans contradictoires, où dominent le mépris, la défiance, la croyance en l'incivilisabilité de ces êtres auxquels, certes, non le brûlant soleil des tropiques, brunisseur d'épidermes, mais des lois originaires profondes, ont donné les chevelures crépues, les nez odieusement camards, les lèvres en gueule d'esturgeon et l'odeur du beurre rance. Malgré les bonnes volontés les plus humanitaires, l'irréductible différence des races s'affirme; elle s'affirme malgré les rêves chrétiens, l'automorphisme bienveillant qui parfois, au passage des noirs et des noires, nous fait objectiver en eux nos sentiments, nos pensées, nos aptitudes, sous l'impression de quelque beau morceau de nu, d'une démarche rythmée, d'un drapement d'étoffe naturel et noble d'un geste expressif, d'une ligne statuaire. Car à la vue des reflets foncés et polis des visages, des omoplates, des jeunes poitrines, il monte des réminiscences de sculptures classiques aux robustes contours, de bronzes aux tonalités sévères. Des enthousiastes ingénus rêvent l'unification de ces Chamites et des Aryens, sinon dans une égalité corporelle obtenue par le mélange des sangs et le métissage, invariablement déprimants en leur association non des qualités mais des tares, au moins dans une égalité psychique conquise par l'éducation, jugeant puérilement les âmes plus aisément transformables que les corps. Ah! si les hommes étaient des mollusques, combien il serait impossible de trouver un zoologiste pour oser dire que deux races de colimaçons, aussi distinctes, seraient fusionnables et assimilables par une culture adroitement combinée.

Comme le singe, le noir est imitateur. Il l'est étonnamment. On voit ici, dans les travaux entrepris par les envahisseurs européens, des escouades de maçons, de forgerons, de mécaniciens devenus proprement habiles, quoique la difficulté des œuvres accomplies se soit doublée de la difficulté de former les artisans. C'est cette dextérité indéniable qui, sans doute, a fait naître l'illusion d'une assimilation complète, par ceux qui n'aperçoivent pas l'abîme qui sépare le simple imitateur du créateur. Là, en vérité, semble posée la borne infranchissable. Le nègre peut devenir le collaborateur subalterne du blanc, accomplir correctement une besogne matérielle et individuelle, être, en cette Afrique où le travail est meurtrier pour tout autre que le natif, ce que fut longtemps chez nous l'ouvrier salarié et opprimé. Mais sentira-t-il jamais remuer en lui ce besoin de s'affranchir des servitudes sociales qui procède d'une âme consciente de sa nature « indéfiniment éducable, essentiellement progressive »? Apercevra-t-il jamais l'invisible des choses, les liens impalpables des organismes sociaux, des ensembles qui sont le besoin et l'honneur de notre race? Ne sera-t-il pas toujours, dans ses besognes partielles et localisées, sous la domination du blanc, esclave déguisé, serf indirect? De là, peut-être, procède instinctivement le dédain de l'un pour l'autre, la naturelle soumission, l'humilité enfantine, la crainte révérentielle et soupçonneuse de celui-là pour celui-ci.

Le Chemin de fer de Matadi à Tumba, — l'Avancement, — les Etudes, — la Brousse. — le Chemin des Caravanes.

Du 12 au 19 septembre.

J'ai fui Matadi pendant une semaine! Matadi, cette Nouméa induisant l'imagination en des rêveries de Nouvelle-Calédonie africaine, cette chaudière de rochers où les escarpements calcinés reçoivent des averses de soleil, comme les averses de pluie, et les réverbèrent au fond par torrents. J'ai échappé quelques jours à la moiteur tropicale qui perle à la peau et, jour et nuit, sans répit, vous enveloppe d'une pellicule sudorale indéfiniment renaissante, huile de palme personnelle plus tenace et plus collante que celle dont les nègres enduisent le noir tissu épidermique dont les a disgraciés la Nature. J'ai vécu des heures rapides et laborieuses à des altitudes moins cuisantes, en des horizons plus libres pour le passage bienveillant des brises rafraîchissantes, sur les massifs qui séparent Matadi des Pools et forment le district des Cataractes, pénétrant en wagon, à mule, à pied, jusques à deux cent cinquante kilomètres : peu de chose, certes, dans cet énorme Congo dont je n'aurais pu heurter la paroi terminale à l'Orient qu'en sextuplant le trajet total que j'ai franchi depuis la mer. Mais qui, dans cette arène immense, a fait jamais plus qu'un parcours insignifiant eu égard à l'ensemble? Qui fit jamais plus que strier le sol de la mince gerçure d'une expédition, pareille à la déchirure d'un diamant sur une vitre? Qui fit jamais plus que garnisonner en quelque lieu, n'étendant qu'à une faible distance le rayon visuel de ses études? Et pourtant, même les sédentaires, même les promeneurs, eussent-ils les cerveaux les moins devinatoires, les moins aptes à juger sur échantillon et à généraliser sûrement les détails, quand ils reviennent se laissent aller à parler en maîtres et en parfaits connaisseurs. N'en est-il pas qui jamais n'y furent, qui jamais n'y iront, et qui dictent des arrêts et des oracles sur le noir empire à peine dégagé du limon de ses mystères? Je m'encourage donc à dire ici sincèrement ce que je vis, simple passant, j'en conviens, mais passant attentif, ayant concentré, trois mois durant, sur un sujet unique, obstinément fixé, les forces cérébrales dont le Destin et l'Expérience m'ont pu gratifier. *N'istrai de vérité, por perdre o por morir.*

Au delà de Matadi la rocailleuse, le paysage reste sévère et dur, monotone en son ingratitude. Décidément les parures et les cérémonies de l'entrée au Congo ne sont guère engageantes pour qui rêve consommer sa vie parmi la beauté riante des choses. Au départ la voie ferrée longe le fleuve en chemin de halage et mène vers le site rébarbatif et encaissé où les eaux reprennent un relatif repos après des lieues de bouillonnement, de sauts et d'avalanches dans le défilé dantesque des rapides et des cataractes, qui s'ouvre à la sortie des Pools. Puis, brusquement, on quitte la grande vallée magistrale et l'on pénètre dans le massif par la fracture étroite et profonde où dévale l' M'Po-so, torrent coulant sur un lit d'écroulements, mouillant quelques bouquets d'arbres qui étoffent à peine les versants lépreux. Peu à peu les arêtes s'amollissent, les cimes s'affaissent en longues ondulations montueuses, et « la Brousse » prend despotiquement possession des étendues, répétant à satiété ses éléments de Savane, tristes et caractéristiques : les hautes herbes ligneuses, jaunes, à cette époque de saison sèche, à l'égal de nos moissons, toisonnant partout la stérilité, chiendent gigantesque et indestructible, étouffeur de végétation. La Brousse ! Au-dessus, clairsemés, des arbres rabougris, cent fois tourmentés par l'incendie de ces steppes, hérissant à petite hauteur leurs rameaux mutilés et souffreteux comme si des mauvais jardiniers les avaient soumis à la taille savante par laquelle, si ingénument, on rend, chez nous, hideux et difformes les troncs les plus fiers. Un aspect général de verger mal soigné, dont les pommiers, les poiriers, les mûriers auraient été ravagés, disloqués, ébranchés par les vents. La Brousse ! Entre les tiges en baguettes dures des graminées, champignonnent, grises et massives, les constructions argileuses, cylindriques, à coiffure en parasol, des thermitières, établies là en tabourets dérisoires pour les voyageurs fatigués des caravanes. Quand le sol aride est fendu en crevasses ou déprimé en cuve, retenant ou retardant les eaux, des essences forestières plus nobles et plus chevelues élèvent une touffe mince de vertes plumes, où les troncs grêles, trop serrés, en concurrence pour la lumière, sont enchaînés les uns aux autres par l'enchevêtrement des lianes, grosses autant que des cordages, tombant des cimes au ras du sol, imaginaires gymnases destinés aux clowneries des singes. Mais ces accents de vie veloutée et ombreuse ne corrigent pas l'universelle misère et la désolation des solitudes. La Brousse! Aux stations, rares, la cabane d'un blanc, quelques huttes pour ses collaborateurs noirs, plantées sur le sol dévasté dans le délabrement prompt et inévitable des installations provisoires, au milieu d'un parvis de détritus malpropres, haillons, tessons de bouteilles, débris de boîtes à conserves, ordures de tous genres qui semblent ici l'accompagnement obligé et lamentable de tout séjour européen. Et ainsi, de kilomètre en kilomètre, d'horizon en horizon, sans changement, avec un entêtement de loqueteux cheminant sa misère sans jamais s'interrompre, jusque Tumba, durant douze heures de route. La Brousse!

C'est dans ce désert triste et sourcilleux, dans ces Hautes-Fagnes, que se déroule la route ferrée! Je l'ai suivie, à l'aller et au retour, en sa serpentaison étonnante de cent quatre-vingts kilomètres, entraîné dans son rythme singulier de grand reptile étendant sur les roches et les terrains sauvages, par les renflements et par les creux, au-dessus des cours d'eau et du lit des torrents, l'allongement fabuleux de son corps en ruban. L'œuvre a une force et une grâce de témérité élégante qui la doue d'une beauté esthétique. Elle épouse les difficultés et le mauvais vouloir des sites avec la bonne humeur, la sûreté sans extravagance et la désinvolture des combinaisons habiles résolues à ne rien brusquer, à ne rien heurter de front, à tout résoudre par l'ingéniosité et l'adresse. Elle accroche la voie aux parois presque verticales qu'elle échancre d'une longue mortaise, elle la débobine sur le flanc des versants en bande de tapis souple, formant des lacets, des contours, des arrangements en cravate d'une surprenante hardiesse, repliés sur eux-mêmes en des courbes qu'on eût cru impraticables. La complication de ce lacis, ses surprises, ses avancées s'achevant en brusques retours, cette virtuosité à déjouer les obstacles incessants d'un sol tourmenté où la voie droite, les courbes à grand rayon, l'allure despotique d'un chemin de fer selon la norme classique européenne, eussent exigé des tunnels formidables, des tranchées gigantesques, des remblais décourageants, des dépenses inaccessibles, enlève tout sentiment de la direction suivie et met sur les paupières le bandeau d'un colin-maillard déroutant. Tout a été combiné pour réaliser le problème, en apparence insoluble, de transformer en chemin de fer, avec des équipes de nègres inhabiles, en un pays horriblement disgracié et revêche, le terrible sentier des caravanes dont l'indéfini calvaire, s'accentuant parfois en des montées plus martyrisantes encore, telles que celle de Palabala, jalonné de misère et de mort, abordable au seul piéton, se déroulait de Matadi à Kinshasa et Léopoldville, à travers une Lybie inhumaine.

Quand la tranchée mord le terrain d'une entaille, se révèle un sous-sol d'argile rougie par un minerai de fer pauvre et granuleux, si compact que les parois des excavations peuvent conserver la perpendicularité des murailles et que le vacarme du train concentré dans cette cage étroite fait penser aux « rues sonnantes », aux klinkende straëten de nos petites villes de province, enfermant dans leur boyau le pas sonore du passant. Des sédifications crayeuses jaspent la sanguine de cette géologie ainsi que les amandes dans le nougat de Constantinople. Un faible humus, fait du pilage millénaire des hautes herbes brousseuses, frange de gris noirâtre le sommet de la coupée. Sur ce fonds, que la sécheresse semestrielle transforme en béton, n'ont pu croître les grandes forêts qui ailleurs brodent la terre congolaise de l'ornement des pompeuses verdures et l'on comprend l'inévitable permanence de la Brousse, ce mauvais poil.

Avec une agilité turbulente d'animal poursuivi, essayant d'échapper au chasseur par de multiples détours, le train fuit et évolue sur la ligne, abondante en descentes et en rampes qui continuent et doublent dans le plan vertical le dévidage reptilien des lacets et des courbes dans le plan horizontal. Le faible écartement des rails qui, loin de la vue des lieux, impose la figuration d'un chemin de fer minuscule, est ici sans influence sur l'aspect. Ce sont de lourds wagons, de lourdes locomotives qui circulent sur un appareil solide et stable; rien de cette assiette resserrée ne diminue, dans les proportions totales, l'apparence sérieuse et puissamment industrielle de l'ensemble. La base d'appui est réduite, le matériel et son équilibre ne le sont pas. Dans l'esprit, l'effort est renversé : en Belgique, il faut agir pour se figurer que ce chemin de fer est autre chose qu'un joujou vicinal; ici il faut agir pour se souvenir que l'écartement n'est que de soixante-quinze centimètres. C'est là-dessus que le train grimpe ou dévale, ronfle et tourbillonne et valse, s'arrêtant, fumant et sulfureux, aux nombreux réservoirs en tôle vermillonnée où des noirs, moulinant une pompe, font monter l'eau des cours d'eau voisins ourlés d'arbres; c'est là-dessus qu'il côtoye avec dextérité des abîmes sans parapet, au rebord desquels on vire et on gire et on volte non sans le léger émoi d'épouvante des descentes et des remontées voltigeantes sur les Montagnes russes.

Ainsi jusqu'à Tumba, actuellement terminus de la ligne, à mi-chemin du total, campement jailli en quelques semaines sur un plateau dénudé, en pleine brousse, mémorant des haltes comme celles de Libramont ou d'Habay sur nos bruyères ardennaises. L'altitude a rafraîchi l'atmosphère. On est à plus de cinq cents mètres; la nuit, les couvertures, odieuses, insupportables, rejetées à coups de pied impatients, dans le bas pays, deviennent tolérables, et on retrouve vaguement le doux bonheur de se dorloter dans leurs plis tièdes. Mais, on vous avertit du danger de ce répit dans l'habituel mijotage. Ce changement de température est plus périlleux, assure-t-on, que la chaleur diurne et nocturne constante, et l'on apprend une fois de plus qu'en ce pays farouche à tout soulagement, à toute beauté, correspond un péril.

Il me faut voir « l'avancement », la marche de cette ligne qui fut si laborieuse en son enfantement, la tête du Python tortueux, portée chaque jour plus loin vers le but, dévorante, résorbant chaque jour une portion nouvelle de ce sol voué jusqu'ici aux lentes pérégrinations pédestres et par étapes des caravanes épuisantes, comme jadis les mers (maintenant sillonnées par les steamers) aux nonchalantes navigations des voiliers.

Je gagne, sur un train de ravitaillement, les derrières de l'armée de cinq mille noirs qui, sous le commandement de quelques blancs, marche à l'invasion des solitudes et, pli par pli, conquiert le terrain. L'exploitation a cessé : le prolongement de la voie ne sert plus qu'au travail de l'avancée. Déjà vingt-deux kilomètres ont été ajoutés au grand tronçon originaire. J'arrive « au bout du rail ». Le coffre de la route, admirablement préparé par un détachement déjà passé plus loin, reçoit le treillis des traverses descendant des wagons et s'appliquant sur lui presque automatiquement, parmi l'activité fourmillante des travailleurs. On dirait que la voie vit ! que d'elle-même elle s'allonge, que les hommes qui sont là n'ont d'autre fonction que de lui faciliter un déroulement qu'elle accomplit par une propre force viscérale, et qu'elle se hâte vers le point où on lui prépare un nouveau lit pour s'épancher et s'étendre.

Sur les parois verticales des tranchées, nettes comme du stuc, jaunâtres et tachées de stries pourprées, des figures gravées à la pointe du couteau, des navires, des poupées, des animaux attestant l'indestructible présence de l'Art vagissant chez ces rudimentaires. Ces mêmes dessins enfantins, je les ai retrouvés sur la porte des chim'beks dans les villages. Le tatouage barbare des visages, des dos, des poitrines, n'est-il pas, lui aussi, une attestation de cette force esthétique secrète?

Je dépasse cette première zone, où peine l'arrière-garde du travail total qui se prolonge sur trente kilomètres, faisant succéder à la pose l'aménagement du coffre, à l'aménagement du coffre les œuvres de l'infrastructure, à l'infrastructure le jalonnement, au jalonnement l'étude des passages. C'est une pyramide d'hommes et d'efforts, couchée sur le sol, finissant en pointe prussienne par le petit groupe, perdu à l'extrême avant, qui, à travers l'amoncellement des cimes et des défilés enchevêtrant leurs sursauts et leurs embûches, se défendant pied à pied par les barrières des escarpements, des bois, des eaux, doit, avec le coup d'œil du tacticien et du manœuvrier, discerner où il faut frapper, où il faut jeter les régiments d'une de ces armées du travail, conçues par les grands esprits socialistes comme la transformation idéale des armées de guerre s'usant dans l'activité stérile des exercices ou dans l'activité sanguinaire des combats.

La nuit tropicale arrive, brusque et sournoise. Nous sommes en route à pied suivant la voie en construction. Toujours le déroulement en banderole élégante. Maintenant que tout appareil rappelant le chemin à locomotive a disparu, on se croirait dans l'allée habilement dessinée d'un parc seigneurial. A mesure que j'avance, sous la clarté aurorale de la pleine lune légèrement voilée par le tulle d'une atmosphère brumeuse, les travaux apparaissent plus rustiques et se déforment dans le fantastique nocturne. Des tranchées à demi éventrées, des pelletages en monceaux, des percées encombrées d'arbres abattus, des blocs de rocher, le désordre augmentant et épique des grandes œuvres humaines s'attaquant aux résistances de la Nature, et n'ayant pas encore atteint la paix de l'achèvement.

Sous le prestige des ombres, dans la défiguration féerique des lignes, des couleurs et des perspectives que les ténèbres translucides infligent à tout ce qui peuple ces lieux inconnus pour moi, et que, sans doute, je ne reverrai jamais, je pense à Parsifal, marchant à travers la forêt fatidique, vers le val sacré où Monsalvat dressait ses tours pieuses. Mais le but où finit ma rêveuse étape n'est pas un château fabuleux : c'est la pauvre petite « maison danoise », aux cloisons de carton, à la chambre unique, aux auvents timides, qu'on démonte, qu'on transporte, qu'on remonte en quelques heures, qu'habite, héros modeste et oublié, l'ingénieur, ermite volontaire, dont le cerveau est le moteur et le régulateur de tout le travail qui fermente à l'environ.

Une réception cordiale et simple comme au bivouac. Des causeries d'exilés. Le Congo et ses incertitudes, et ses cruautés, et ses déceptions, et ses espérances, et son charme viril, revenant en basse profonde dans cette mélodie de souvenirs. La nuit passe sans la persécution de moiteur qui, à Matadi, me faisait rêver sans interruption de Bain Turc et d'étouffement.

Dès l'aube, j'ouvre la fenestrelle de ma cabane. Par exception, un lever de soleil à grand spectacle et mise en scène opulente. Car jusqu'ici les aurores, les adorables aurores de nos pays septentrionaux, aux paresseuses et divines caresses, étaient remplacées par la morose coupole grise uniforme d'un ciel invariablement embrumé : le drame météorique des matins s'accomplissait derrière ce rideau morne. Cette fois la représentation est digne de l'Afrique grave et inclémente. De larges bandes de jaune pâle et de rouge assombri font au soleil surgissant un paysage céleste hiératique, opprimant de sa splendeur des montagnes dont le panorama silencieux forme hémicycle devant la colline nue et en cône au sommet de laquelle est planté notre infime refuge.

C'est cette chaîne alpine que maintenant le chemin de fer attaque : elle forme le rempart d'une plaine où l'avancée sera prompte, comme dans une ville investie après l'enfoncement des portes. Et vraiment nous sommes, à notre observatoire, comme un état-major étudiant les péripéties d'une bataille. En vingt points la lutte est engagée : on distingue les blessures que font les travaux d'approche, aux grandes taches jaunâtres des terrains crevés et bouleversés. Ce sont les Sénégalais, embarqués par nous à Bathurst, qui composent le corps lancé à ces premiers assauts. Hier, au long du chemin, nous avons dépassé leurs campements de Chim'beks en paillon, groupés au hasard des sites, avec un mâtereau arboré des couleurs tricolores françaises. Car ils sont Français, ces nègres, et même, disent-ils fièrement, électeurs !

Nous descendons pour voir de plus près. En une longue promenade, nous passons de chantier en chantier, partout où ronfle l'agitation du travail. Plusieurs heures nous allons ainsi, de nœud en nœud, par les escarpements et les éventrements, par les jonchées d'arbres abattus en lesquels la forêt mutilée s'éplore. L'impression cruelle de la dévastation s'intensifie aux lieux où, récemment encore, des villages indigènes s'abritaient, cachés et protégés par d'épaisses et hautes verdures. Les habitants ont fui. Ils ont fui malgré les palabres rassurantes, malgré les promesses de paix et de bienveillance. Ils ont brûlé leurs cases en bateau renversé ; de larges plaques de cendrées en marquent la place au milieu des palmiers délaissés et des bananiers brisés. Des terreurs faites du souvenir des pilleries inhumaines, des massacres, des viols et des rapts, hantent leurs pauvres cervelles ouvertes aux fantômes, et ils sont allés chercher dans les plis de la brousse hospitalière aux fuyards, ou derrière la frontière, en Congo portugais ou français, non encore troublés par tant de travaux et tant de rumeurs, une autre retraite, loin des routes où passent les blancs, ces fétiches funestes, et leur cortège d'habitudes énigmatiques et inquiétantes.

Peu à peu, à mesure que nous poussons plus avant, le bruissement du travail décroît et ses œuvres s'espacent. Nous entrons dans la solitude et le silence. Nous sommes sur le plateau qui couronne la chaîne. Tout est redevenu désert paisible. Le tumulte de l'industriel combat ne nous mord plus aux talons. Nous avons enfourché des mules et nous voici piétinant sur l'antique sentier des caravanes.

Car depuis Tumba jusqu'aux Pools, en attendant l'achèvement du chemin de fer, le système des caravanes congolaises fonctionne encore. Il y a deux jours nous avons fait de définitifs adieux à quelques compagnons de voyage, qui, maintenant, en accomplissent les étapes suivant une feuille de route minutieusement établie. L'âpre voie, battue à l'infini par les pieds nus des porteurs, durcie comme une aire, étend opiniâtrement son étroit galon jaune, interminable, à travers la brousse dont les tiges, grillées par d'insuffisants incendies, noircies aux jointures semblent les piquants jaspés d'énormes porcs-épics; dans les fonds humides, elles sont, malgré la saison sèche, restées vertes et palissadent la route de leur haut plumage, faisant penser aux venelles entre nos seigles, au mois d'août.

Incessamment nous rencontrons ces porteurs, isolés ou en file indienne, noirs, noirs, noirs, misérables, pour tout vêtement ceinturés d'un pagne horriblement crasseux, tête crépue et nue supportant la charge, caisse, ballot, pointe d'ivoire, manne bourrée de caoutchouc, baril, la plupart chétifs, cédant sous le faix multiplié par la lassitude et l'insuffisance de la nourriture, faite d'une poignée de riz et d'infect poisson sec, pitoyables cariatides ambulantes, bêtes de somme aux grêles jarrets de singes, les traits contractés, les yeux fixes et ronds dans la préoccupation de l'équilibre et l'hébétude de l'épuisement. Ils vont et reviennent ainsi, par milliers, organisés en un système de transport humain, réquisitionnés par l'Etat armé de sa force publique irrésistible, livrés par les chefs dont ils sont esclaves et qui raflent leur salaire, trottinant les genoux ployés, le ventre en avant, un bras relevé en soutien, l'autre s'appuyant sur un long alpenstock, poudreux et sudorant, insectes échelonnant par les monts et les vaux leur processionnaire multitude et leur besogne de Sisyphe, crevant au long de la route, ou, la route finie, allant crever de surmenage dans leur village.

Ces villages, je les ai vus, habités encore, là où l'avancée de l'œuvre européenne n'est à présent qu'une vague et discrète venue d'ingénieurs isolés et inoffensifs, étudiant les passages, sans la turbulence de l'armée terrassière et l'effroi qui bruisse autour d'elle. Je les ai vus dans leur riant et idyllique décor, dans l'élégance inconsciente et l'esthétisme instinctif de leur organisme. Au milieu d'un bois, au profond d'un bois, de l'épais tissu d'un bois cousu de lianes pleurantes, unissant les cimes au sol par leurs sarmenteuses guirlandes. Les ananas foisonnent, serrés comme l'herbe. Des sentiers dessinent un labyrinthe sous les feuillures, incessamment brisés et contournés en pistes de gibier. Leurs longues torsades mènent à la clairière centrale où seuls les bananiers producteurs de fruits et les palmiers producteurs de vin que le nègre taille d'une encoche d'écoulement comme on vrille un tonneau plein, enveloppent les cases et les ombragent de leurs aristocratiques verdures de serre chaude européenne. A l'extrémité flexible des longues feuilles empennées pendent des nids globuleux, fruits artificiels, que les oiselets ingénieux tressent et accrochent à des rameaux si frêles que les lourds oiseaux de proie, ne pouvant s'y poser, ne les pillent pas. On croirait des retraites choisies par des poètes, réalisant un rêve de vie heureuse et élégante dans une oasis enchantée. Les habitations, arcadiennes, dorment paisibles au hasard des fantaisies, harmonisant leur simplicité avec les grâces de la Nature. C'est l'Eden! C'est l'Eden et ses maternelles bienveillances, et ses douceurs bénignes et caressantes. Des papillons, orchidées volantes, des papillons dont les ailes sont des palettes de peintres-joailliers, palpitent nonchalamment leur floraison mouvante parmi la floraison végétale. Ce serait l'Eden! oui, si l'étouffante, l'accablante moiteur des tropiques meurtriers ne collait pas à la peau sa suée, à l'esprit sa lourdeur; si de ces cases qui semblent faites pour les Adams et les Eves paradisiaques, ne sortaient pas, affreux et sordides, en leur nudité sauvage, avec leur odeur de fauves, des nègres aux traits camards, aux lèvres vulvaires, aux dents carnassières, aux regards furtifs ou farouches, aux tatouages grotesques et pustuleux, aux pieds écailleux, aux orteils rongés par les tchiques.

C'est sur les marchés, sabbats mercantiles, sur le haut des monts déserts, au carrefour des sentiers, qu'on voit le mieux ces populations séculairement stagnantes, stagnantes en une étroitesse de parois cérébrales plus resserrées que les autres races inférieures, et organiquement vouées comme elles à l'immutabilité. Nous avons été en surprendre quelques-uns en leur matinal congrès. Surprendre, car aux districts encore peu troublés par l'envahisseur blanc, l'apparition des faces pâles suscite un émoi et une angoisse. Sur les routes laniériformes qui convergent vers l'aire où, autour de quelques arbres en grande tente, se tient l'assemblée, les arrivants s'arrêtent en gibier qui flaire et redoute le chasseur. Les arrivés ramassent leurs pauvres marchandises, poulets éthiques, racines de manioc, noix d'arachides, gros sel, lentilles, poissons secs embrochés en sabres avec un vague instinct de donner quelque esthétisme à cet embrochement. Les mères se redressent et rajustent leurs négrillons à cheval sur une de leurs hanches. Les agrafes de cuivre jaune, qui sont la monnaie de ces transactions d'homme de l'âge quaternaire, disparaissent aux plis des haillons. Il faut de la palabre, des tapes amicales, des sourires bienveillants pour rassurer ce troupeau défiant aux têtes laineuses, aux membres d'ébène ou d'acajou poli. Et l'on peut étudier alors ces paysans rappelant nos plus lointains et nos plus sauvages ancêtres, destitués à jamais de la force progressive qui permit à ceux-ci, à travers les temps, de devenir ce que maintenant nous, les civilisés, nous sommes.

Ils furent vite consommés les jours où je pus ainsi, une fois encore, réaliser l'enfantin besoin de vivre en Robinson qui fermente au tréfond des imaginations aventureuses et persiste à travers la vie déclinant vers sa fin. Elle vint l'aurore où je dus tourner bride et faire les premiers pas du retour vers l'Europe. Je sentis, en imposant une dernière volte à ma mule, la pinçure au cœur de ce que l'on quitte pour ne jamais le revoir, cette mort partielle échelonnée tout au long de l'existence et qui rend si divinement précieuses les affections qui persistent dans les âmes fidèles et vers lesquelles, fût-on au bout du monde, on regarde alors, phares de tendresse et d'espérance. Je refis le sentier des caravanes, je revis l'armée des travailleurs noirs en ses combats pacifiques, je repassai par Tumba et son camp, je remontai sur le train voltigeant à travers les monts et la brousse, au milieu des nuages sulfureux suffocants crachés par sa machine, je dégringolai l'infernale et pittoresque vallée de l'M'Poso, telle qu'une descente aux enfers, je retrouvai les vastes paysages fluviaux du Zaïre majestueux et traître, je redescendis dans la chaudière de Matadi, je retrouvai le *Léopoldville* rumorant du bruit de ses treuils, je rentrai dans mon étroite cabine comme un oiseau fatigué au colombier.

Le retour à Matadi et Boma.

Du 19 au 26 septembre.

Autour et dans Matadi, parmi les constructions sur piliers et à blancs toits aplatis des Européens, parmi les chim'beks chancelantes des noirs, parmi les escarpements, j'ai encore promené, aux heures les moins déprimantes, ma paresse augmentante d'humain économisant sur tous les mouvements dans la lutte contre la moiteur, la grasse et humide moiteur qui vous prend et vous lubréfie à toutes les anfractuosités du corps. Et nous sommes à la saison fraîche ! finissante, il est vrai, car déjà une avant-garde de pluies fines, très courtes, est venue, en tirailleur, annoncer l'approche des averses diluviennes, et des orages, et des tornades. Le ciel est invariablement couvert. Pas d'aurores aux pompes virginales, pas de couchants flamboyants, pas de soleil et pas d'étoiles. Une atmosphère miraculeusement transparente pendant une demi-heure le matin, console seule de cette disette de splendeurs météoriques, en délinéant le sombre paysage encaissé et rocheux avec une minutie de graveur et en avivant la mosaïque des tons roux et gris sur les pentes abruptes qui nous emprisonnent.

Le steamer, jour et nuit, bruyamment, poursuit le travail cyclopéen de son déchargement, et lentement sa coque émerge. Les eaux du fleuve montent. Les réservoirs célestes ont déjà grossi ses affluents au nord de l'Équateur. Ici, à Matadi, en amont, du côté des cataractes, en aval au Chaudron d'Enfer, les tournoyants remous amplifient leurs moires. Tout le paysage s'estompe légèrement de vert. Les derniers incendies de hautes herbes mettent, la nuit, derrière les monts, la lueur rouge d'une destruction lointaine masquée par les cimes. Je vais, je viens très nonchalamment, les regards machinaux, imprimant en mon souvenir, par l'habitude, les aspects arides de cette ville en croissance dans un site ingrat, tandis que ma cervelle filtre et décante les sensations multiples que ce voyage y a versées à gros bouillons. Sous la figuration matérielle des hommes et des choses, sous la diaprure des couleurs et le pittoresque des lignes, sous la vie et ses turbulences, peu à peu, ainsi que de grands poissons dans la tranquillité des eaux profondes, agitées à la surface seulement par le tumulte des vagues, des idées générales commencent à flotter et à circuler, formations instinctives sortant des limons de tout ce que j'ai entendu.

Et, dans la limite du possible, j'ajoute, en observateur consciencieux, à mon sommaire bagage de voyageur pauvre de temps et d'espace. Je vais partout où l'on me dit : c'est à voir, — partout où l'on me dit : celui-là sait quelque chose. Et je regarde, et j'interroge, et je butine, n'ignorant pas que, quoi que je fasse, ma cueillette ne sera que d'une corbeille. Mais n'est-ce pas ainsi que l'on vendange et les récoltes qui font crever les granges ne sont-elles pas faites des gerbes isolées qu'ont apportées les moissonneurs ?

Dans un pli de la montagne, à l'emplacement d'un village déserté, sur le lambeau de terre arable qu'ont formé les eaux et les anciennes cultures, trois Chinois, derniers restes du demi-millier que jadis on amena pour les travaux du chemin de fer et que les fièvres et les dysenteries et les fusillades fauchèrent, — trois Chinois soignent un potager minuscule où les fraîches et claires feuilles des laitues, les grasses palettes des choux, les frisures des carottes, les tiges métalliques des céleris, ressuscitent en mon esprit les beaux potagers d'Europe. En ces pays torrides du palmier et de l'ananas poussant au bord des chemins en arbres et en fruits rustiques, la salade et l'oseille sont des raretés et il faut, pour obtenir en pleine terre ces frais cordiaux de l'estomac, les soins des jardiniers de serre chaude. Les préserver des mortelles atteintes de la chaleur exige la patience attentive qu'il faut pour sauver chez nous une orchidée du froid. On est fier ici d'un jardin légumier comme d'une serre sous nos latitudes, et il vient à l'esprit cette réflexion que l'homme aussi sans doute, transporté en ces lointains calcinateurs, doit y être comme une fleur étrangère et souffrante.

Et près de là, un hôpital de blancs, où un infirmier noir substitué auprès des malades à des infirmières religieuses, comme si l'identité de race, le voisinage de la femme, le désintérêt absolu dans le dévouement, n'étaient pas des remèdes moraux plus efficaces auprès des exilés que toutes les médecines, — un hôpital affirme cette immanence constante de la maladie et de ses inévitables langueurs en ces régions où jamais le froid, le beau gel tonique, les belles pluies aromatiques, la salutaire fraîcheur, et les exercices physiques qu'ils appellent, ne donnent au corps le ressort et ne raniment incessamment la vie.

Je revois les fragiles amis qui m'accueillirent, je m'assieds et je flâne à leurs tables, dans des salles à manger rudimentaires et étouffantes, « je congolise » avec eux à perte de vue dans le dédale de leurs renseignements et de leurs explications contradictoires ; je sens des mains cordiales que je ne presserai plus, je parcours, lassé par la température, le cirque étroit des monts, parvis des déambulations qu'on ne veut pas transformer en martyre ; je cause sous des vérandahs en aspirant voluptueusement le rapide délice des brises qui passent en rares coups d'éventail ; je songe au miracle bienfaisant de nos quatre saisons d'Europe ici abolies, et, par un midi, après cette liquidation fatiguée de mon séjour à Matadi, je m'en vais sur un vapeur de hasard, je redescends à Boma. Je veux employer les quelques jours qui me restent à divaguer par les criques de l'embouchure du fleuve, une Zélande africaine qu'on m'a dit admirable de solitude et de verdure.

Dans l'entrepont ouvert du bateau, on a descendu un « régime » de condamnés noirs, attachés les uns aux autres comme les fruits d'un régime de bananes, une seule chaîne, cadenassée au cou de chacun d'eux, ne formant de leur douzaine qu'un seul chapelet lugubre.

Oh! qu'elle me semble coquette et villégiaturesque cette Boma, au retour de la sévère Matadi pierreuse! Elle aussi s'enmousse d'herbe naissante et met aux rameaux de ceux de ses arbres dont la verdure est tombée les nœuds de quelques feuilles nouvelles. Les grands lézards bleus, à la tête et à la queue vermillon, grimpent rapides sur les troncs pareils à des bijoux mouvants. La chaleur est moins opprimante dans le paysage ouvert des larges eaux de l'estuaire; l'Atlantique amène jusqu'ici les souffles océaniques.

Je retrouve la vaste maison de fer, les rats invisibles galopant entre les cloisons, les chauves-souris en chasse contre les moustiques. Et, par une journée grise de l'Equinoxe, matelassant le ciel de nuages et y mettant le trouble sombre d'une journée cendrée d'octobre, je fais, comme à Matadi, la revue rapide de ceux qui m'accueillirent et fraternellement virent en moi un blanc tentant, comme eux, l'aventure de cette terre incertaine avec le désir d'en pénétrer les énigmes. J'allai aussi, seul, rêver devant la tombe d'un ami dont l'image, en cet isolement, symbolisa pour moi, durant quelques heures, tous les souvenirs d'une période heureuse de ma vie, forte de vaillance, de bon vouloir et d'espérances, et que les abominables perfidies de l'envie exaspérée par son impuissance ont depuis mortellement profanée. Sa pierre est là, sous les baobabs pleurant les larmes de leurs fruits lourds! Elle est là, proférant son nom sonore de jeune soldat sacrifié, pour combien d'yeux qui ne le liront jamais!

Les Chenaux perdus de l'Estuaire. — Les Criques.

Du 26 septembre au 3 octobre.

Me voici de nouveau glissant sur le Fleuve. Boma, derrière moi, s'éloigne et, à son tour, s'enfonce dans le passé irréparable, avec la mélancolie des choses difficilement atteintes et qu'il faut délaisser sans esprit de retour. Sa petite silhouette tranquille resserre, à mesure qu'augmente la distance, l'épars détail de ses maisons blanches et dessine sur la rive sa déchiqueture endormie. Devant la proue du canot à vapeur qui m'emporte en rythmant ma fuite d'une cadence rapide et monotone, au loin, deux monts surbaissés et plaisamment convexes que le trivial langage des premiers colons a irrémédiablement nommés le Cul de Boma. Sur la gauche, détaché illusoirement de la terre ferme par le prestige d'un mirage, le promontoire en dents de scie du Fétiche-Roc, surgissant du métal des eaux, et ailleurs, sur le miroir du fleuve, des palmiers, eux aussi apparaissant en îlots par la réverbération de l'éclatante et chaude lumière. A droite, la forteresse de Sinka, en construction, tache les premières hauteurs de la rive des huit dômes de ses coupoles et raie le versant d'un chemin rougeâtre où cheminent, en noires fourmis, les travailleurs. Sur la nappe immense des eaux, sous la chaleur plombante de la matinée, rien que le petit esquif dont je suis le seul passager.

Je pars pour cette tournée dans « les Criques » qui doit achever mon voyage en le sauvant de l'ennui de revenir par la même route. Je rejoindrai le *Léopoldville* à Banana après avoir fait un inusité et long détour. Il suivra la corde et moi la courbe de l'arc. Je consumerai ma dernière semaine dans la joie douce de me sentir à l'écart du chemin banal.

Le petit vapeur quitte le grand courant et pénètre dans un bras secondaire. Le monolithe de Boma dresse très près sur la pente son apparent menhir au milieu de blocs erratiques. Les eaux, chargées d'argile ferrugineuse délayée durant les étapes sans nombre du fleuve et des affluents qui forment avec lui une si superbe ramification dans la Sud-

Afrique, roule l'ambrure de leur thé lamé de reflets argentés. L'île basse de Matéba est fleuronnée de palmiers en multitude, droits et empanachés, tels qu'une armée en marche dont les soldats, les rangs rompus, iraient à volonté. Aux palpitations de notre machine et à la vue de notre avancée rapide creusant un sillon triangulaire dont l'ourlet va ronger le sable et caresser les hautes herbes des bords, des oiseaux s'enlèvent sans cris. Parfois, entre les végétations courtes, quelques huttes et la figurine furtive d'un noir. Un paysage fluvial uniforme, sans accent, solennel, pendant des lieues. La nappe liquide fait aux rives ce superbe avant-plan de limpidité qui embellit si étonnamment la nature, cause secrète de notre prédilection pour les sites ornés par les eaux. Et paisiblement je regarde ces identités majestueuses qui passent, si bien toujours les mêmes qu'il me semble que je suis immobile.

C'est au camp de Zambi que je dois atterrir d'abord. A l'entrée du Congo, près de Boma la capitale, non loin du fort de Shinkakassa, unique fortification imposante du nouvel empire; il sert au recrutement de la petite armée de huit mille hommes, sans cesse augmentante, qui doit, dispersée sur le territoire entier, jusqu'au Soudan et aux sources du Nil, jusqu'au lac Tanganika à l'Est, jusqu'aux confins anglais et portugais du Sud, jusqu'aux frontières françaises du Nord, donner une réalité effective à la domination coloniale, légère comme un filet et pourtant, comme lui, suffisante pour contenir et emprisonner. Des plantations de bananiers parmi lesquelles rayonnent de larges avenues géométriques, un champ d'exercice, de longitudinales chim'beks pour les logements militaires, des habitations plates de factoriens pour les officiers, des soldats nègres, pieds et jarrets nus, portant la blouse et la culotte en toile indigo, le fez et la ceinture rouges, armés de fusils Albini réformés. Un air de bonne tenue disciplinaire mêlant l'Europe à l'Afrique en une bâtardise de conquête. Voici qu'on défile clairon en tête et le drapeau bleu étoilé de jaune déployé : un grand diable noir le porte fièrement « les yeux à quinze pas ». Le puissant soleil enveloppe le tout de sa flambée impitoyable. Quelques lauriers-roses attendrissent cette allure de petite guerre. Et l'on vient de me dire : — Des lauriers-roses, n'en faut plus, ça donne la fièvre ! — Pour une douce beauté égarée ici, faut-il que tout de suite, en apparition morose, surgisse le fantôme de la Fièvre maudite ?

Mais il s'agit de pénétrer plus avant dans le dédale des îlettes, monnaie divisionnaire, satellites de la vaste Matèbe. Elles s'étalent en ganglions au long de la rive nord de l'estuaire, formant un petit fleuve en lacis à côté du grand qui va droit à l'Atlantique en un tronc puissant, veinules greffées sur l'aorte, artérioles débouchant sur la carotide. C'est là que j'ai à vivre quelques jours, en une dernière fête d'isolement et d'oubli de mes soucis d'Europe, dont déjà je sens la succion m'imposant le retour.

Un ami, habitant de ces lieux écartés, humble monarque d'une factorerie isolée, dont la distraction en son ermitage silencieux a été la formation d'une basse-cour européenne, superbe de diaprure, de variété et d'opulence, — un ami imprévu et charmant, me mènera par les détours de cette Thébaïde aquatique. Nous partons en pirogue pour la première étape. Six noirs, assis sur les bords de la primitive embarcation, tronc d'arbre évidé, plongeant verticalement leurs courtes pagaies à large palette, comme s'ils bêchaient les eaux, trois fois puis un bref repos, trois fois encore puis un repos, et ainsi indéfiniment, toujours par trois coups suivis d'une reprise d'haleine, tandis que l'un d'eux bat, de son pied nu, sur le fond du bateau, caisse de résonnance, une mesure sourde appuyant chaque enfoncée. Puis il entonne une mélopée interminable, quelques mots, criés d'une voix rauque et destituée de toute substance musicale qui semble le propre du nègre, encore sauvage, autant que son nez camus, ses lèvres charnues, ses cheveux crépus, voix éraillée de vieillard ou d'ivrogne. Et ses compagnons répondent par d'autres gutturalités. C'est couleur locale, mais bientôt insupportable, ces bêlements qui rompent l'harmonie de la nature mélodieuse où, indolemment, nous passons.

Je ne veux pas faire le journal de cet itinéraire. Mieux vaut en synthétiser les impressions. Ce sera rendre, avec plus de vie, le caractère de ces Criques merveilleuses, peu signalées par les habituels voyageurs du Congo, coureurs de négoce, allant au plus pressé par le chemin le plus direct, et, en général, aussi peu sensibles aux beautés gratuites d'un tel paysage que les misérables nègres. Pour combien d'âmes même le firmament et ses astres sont d'inexistantes splendeurs. Ah! si l'on pouvait faire la traite des étoiles et en devenir propriétaire !

C'est par tronçon quotidien que j'ai savouré cet archipel, émigrant d'un point à un autre toujours par les eaux ramifiées en canaux serpentins ainsi qu'une immense Venise africaine. Les îles, basses, sont d'énormes plateaux de verdure, qu'on croirait des lambeaux de forêts flottantes amarrés là jusqu'à leur prochain départ pour des destinations magiques à travers les océans. Pas un hiatus dans leurs touffes magnificentes épandant les beaux feuillages ornementaux de la végétation tropicale. Au fur et à mesure du parcours de l'embarcation solitaire, elles démasquent leurs décors charmants et leurs perspectives idéales, entourées du cadre des eaux lamées de l'argent du ciel, répétant en une image renversée la ligne ondulée de leurs frondaisons et la mosaïque de leurs couleurs. C'est le parc superbe et séduisant d'une walhalla habitée par des fées! Tantôt les sinueux contours s'élargissent en un lac dont on cherche en vain l'issue parmi les épaisses bordures de malachite et d'émeraude; tantôt ce n'est plus qu'une étroite rivière dont la main peut paresseusement toucher les rives faites des gigantesques et élégantes palmes du bambou penchées en d'immobiles prosternations au-dessus du miroir qu'elles effleurent et où elles mouillent l'extrémité de leurs lamelles effilées. Quelques-unes, engrisaillées par la fane, donnent l'illusion de rocs pointant au milieu des frondaisons opulentes.

Ailleurs ce sont les palétuviers étranges; étranges surtout quand ils ont pu croître aux dimensions des grands arbres forestiers. Ils se dressent alors au-dessus des eaux sur des racines qui semblent les pieds de digitigrades antédiluviens essayant de se dégager des limons. Et de leurs cimes pendent en écheveaux, détachés des grosses branches, les rameaux filiformes descendant pour renouer l'hétéroclite végétal au lit du fleuve par des pousses nouvelles. Les images abondent dans l'esprit à la singularité du spectacle : sont-ce les singes qu'on voit bouger dans la feuillure, qui pêchent à la ligne? Est-ce la chevelure d'une dryade géante qui trempe dans le courant? Sont-ce des cordages tendus sur une épave submergée, pour la ramener à la surface?

Et toujours la solitude! La solitude et le silence, car nous avons fait taire les psalmodies dérangeantes des pagayeurs, au risque d'amoindrir leur travail, car pour ces primitifs faire du bruit c'est produire de la force et un effort muet semble stérile. A de longs intervalles, une pirogue chétive et furtive, conduite par deux naturels debout en un équilibre difficile, n'ayant amoindri leur nudité que d'un court pagne effiloqué, passe ainsi qu'une découpure d'ombre chinoise et disparaît comme un animal effarouché. Le cri bizarre d'un oiseau invisible, pareil à un sifflement de berger ou de bûcheron, par intervalles, sort des bois, en énigmatique signal.

Mais dans les profondeurs, la population des crocodiles continue sa vie carnassière et terrible. On ne peut s'abandonner à la joie de plonger dans ces eaux engageantes, d'y nager dans la douce fraîcheur et d'échapper ainsi à la chaleur persécutrice, elle, aussi, toujours présente et tyrannisante. L'infernal saurien interromprait sa chasse aux gros poissons pour se payer le régal d'une jambe ou d'un bras humain. Les noirs imprévoyants en savent quelque chose, eux qui fournissent aux monstres un constant tribut de victimes comme les Hindous aux tigres. Ne m'a-t-on pas dit qu'on en avait tué un énorme dont les cavités viscérales recélaient vingt-trois des lourds bracelets de cuivre jaune dont les négresses jugent à propos d'embellir leurs charmes? Fausseté, sans doute, mais parfait symbole.

Le soir, nous nous arrêtons dans les Factoreries, ermitages rares parsemant ce labyrinthe dont les constructions à la Robinson surgissent blanches et paisibles au détour de quelque courbe, près de la rive, dans un étroit déboisement. Là habitent en exilés quelques blancs, aidés de nonchalants collaborateurs noirs. Là arrivent des villages, perdus dans la brousse de la terre ferme, l'huile de palme et de coconottes que les indigènes échangent contre les marchandises de traites suivant de compliqués calculs dont la base monétaire est « la cortade » comme ailleurs c'est le « matikou ». Lentement les barils se remplissent, les sacs s'accumulent, et, quelque jour un grand steamer, faisant la cueillette du cargo, emporte le tout pour l'Europe. Là, sans jouir vraiment du prodigieux naturel décor, inquiété par la maladie, déprimé par les constantes suées, découragé par les nostalgies, s'affaissant dans le vide de la vie intellectuelle et dans le concubinat d'une négresse aux belles épaules et aux pieds vermineux, le blanc essaie de reconstituer sa vie de civilisé en un simulacre de home. Il vous reçoit dans son habitation rudimentaire, châlet sur piliers ou chim'bek posant sur le sol durci et fendillé son clayonnage ; il vous offre les mets parfois savoureux, mais toujours de propreté douteuse, cuisinés par son « boy » nègre ; il cause de la patrie et réveille avec effort des souvenirs ankylosés; il vous cède son lit et sa chambrette encombrée qu'ornent mélancoliquement les photographies ingénues de ceux qu'il a aimés et qui l'attendent peut-être, et que semble regarder quelque araignée énorme en arrêt dans un coin du plafond à demi obscur. On s'enferme dans la moustiquaire, on s'étend tout habillé sur le matelas dur, on subit pendant un quart d'heure l'oppression étouffante de l'enfermé dans ce cercueil de mousseline, on sent l'inévitable et gluante moiteur tropicale qui suinte par les pores son enduit, on est pris d'une indéfinissable tristesse, sur laquelle germent les regrets d'être si loin et les fleurs consolantes du retour. Et, quelquefois, on s'endort d'un bon sommeil!

C'est après une semaine de ce pèlerinage et de ces haltes que je revis Banana au détour de la dernière des serpentaisons fluviales, Banana aux beaux cocotiers, paisible et sablonneuse. Ici également la saison des pluies, venant de l'équateur, déjà travaille les sèves, met sur le sol un premier duvet de verdure et ravive les arbres à feuillage persistant. Les plans d'ananas, dans le dessin rectiligne du jardin public, émaillant la terre siliceuse d'un jet lancéolé de pousses couleur de chair. La petite cité me charme plus qu'à mon arrivée au Congo dont elle est la sentinelle avancée sur sa lagune en langue si hardiment dardée à travers les eaux. L'Atlantique qui bat lourdement la rive occidentale ne salit plus la plage de l'écume marécageuse qui semblait la bave d'un cholérique.

Prenons un bain dans cette limpidité opaline. Ah! qu'il sera bon après ces jours de vie vagabonde et débraillée! Prenons un bain au bruit du ressac qui me rappelle les profondes sonorités des plages de notre mer du Nord! Halte-là, me crie-t-on, les requins! Ah! terrible Afrique! terre aux contradictions constantes et inhumaines, chimère au beau corps s'achevant en membres difformes. Toujours une menace à côté d'une promesse, toujours un lourd ennui à côté d'une jouissance, toujours un danger à côté d'une séduction ou d'un espoir.

Le Retour vers l'Europe. — Les passagers. — Le climat du Congo et son effet sur les Blancs. — Les Travailleurs nègres. — Accra.

Du 3 au 7 octobre 1896.

Le *Léopoldville* est enfin en rade de Banana. Il a hissé le drapeau bleu et blanc du départ. Sa clamorante sirène a jeté les cris éperdus appelant les retardataires à bord.

Ainsi c'est fini! J'ai accompli mon fantaisiste désir : j'ai battu du pied longuement, imprudemment cette Congolie. Je vais la quitter irrémissiblement et je sens les influences secrètes que cette fréquentation intense de cinq semaines a accrochées à ma cérébralité, telles que les petites têtes de chardons qui hérissaient tenaces mes vêtements quand je revenais de la brousse. J'ai épuisé dans les pages qui précèdent mes impressions d'artiste. Au penseur, à l'économiste, au politique que je puis être, à parler maintenant. Je vais essayer, dans la tranquillité marine du retour, de brièvement clarifier et classer ces notions innombrables qu'avait préparées, à l'arrivée, mon séjour à bord parmi soixante Congolans allant tenter l'aventure, que va enrichir encore, maintenant, mon séjour à bord parmi quarante Congolans revenant de l'entreprise, tous pleins de paroles et perfluant les souvenirs.

Je les examine! Le Steamer a repris sa marche automatique réglée comme au métronome. Peu chargé, il domine de haut les flots. Il s'est mis en route sournoisement : je ne l'ai senti qu'à la grande brise produite par son glissement dans l'atmosphère, ruisselant, délicieuse après tant d'heures d'exténuante moiteur. « Il se fait son vent lui-même », disent les marins. Quelle large porte ouverte tout à coup au grand air!

Je les examine! Ils sont là, sur la spacieuse dunette, presque tous, debout ou étendus sur des chaises pliantes, regardant se résorber dans le vague des lointains cette terre congolaise où ils ont vécu des jours laborieux. Rien de bruyant. De la mélancolie et de la lassitude sur ces visages, la plupart d'un ton de vieil ivoire jauni et uniforme, ayant la matité d'un émaillage cireux. Presque pas un où filtrent les rougeurs d'un sang vif, témoignage de circulation active et de santé. Ils sont marqués d'une empreinte maladive. Le docteur du bord, faisant allusion aux métiers funestes qui s'exercent en des températures trop hautes, me dit : — Ne croirait-on pas que nous rapatrions des cuisiniers anémiés par le voisinage du fourneau et des garçons de bain turc exténués?

En eux s'affirme le poids de ce principal facteur de la question congolaise, minotaure qui déjà, en sa voracité crocodilienne, a dévoré tant de victimes, le Climat! et sa maîtresse nuisance sur le blanc de nos régions tempérées et vivifiantes, la Chaleur! Car, vraiment, ces catastrophes finales des dangereux séjours sous les tropiques : les Fièvres ardentes comme des incendies, les Dysenteries épuisantes, les Hématuries meurtrières, le F. D. H., pourrait-on dire suivant l'habitude congolaise d'initialiser les désignations, de dire, par exemple, la S. A. B., pour la Société anonyme belge, l'A. B. I. R., pour l'Anglo-Belge India Rubber, semblent n'avoir de prise sérieuse que sur les organismes affaiblis, soit par leur nature, soit par cette constante : la température surchauffée. C'est elle qui prépare et prédispose le terrain par le labour des longues transpirations et des suées inexorables. Nul qui n'en ressente l'ennui ou l'angoisse avec le pressentiment de l'amoindrissement quotidien, mince parcelle par mince parcelle, mais ininterrompu. Si le Destin voulut que malgré mon indifférence pour les précautions, rendues, au surplus, difficiles par la rapidité du voyage et les incessants changements de l'ambiance, j'ai pu, non sans étonnement de ceux qui me rencontrèrent, passer à travers les milieux et les accidents, sans autre mal qu'une « bourbouille » à la peau, due sans doute à l'extrême variété des lits où il fallut m'allonger, j'ai ressenti pourtant la débilitance augmentante de ce régime de serre chaude : la répugnance pour l'exercice, le fléchissement des facultés cérébrales, l'amnésie obnubilant dans la mémoire les choses les plus connues, et j'ai compris combien faible est bientôt la résistance à une maladie qui vous guette du dehors, épanchant dans l'atmosphère ses germes perfides. Certes, l'accoutumance diminue l'oppression de l'implacable température. On s'y fait, vous disent « les Congolais ». Les plus fringants affirment qu'ils préfèrent la saison chaude à la saison dite « fraîche », par un si plaisant euphémisme. Mais si le caractère, avec son étonnante élasticité, se résigne et s'illusionne, le corps reste soumis aux matérielles et inévitables actions physiques et en lui continue l'œuvre de dépérissement. Ces figures blêmes, ces figures d'hôpital, qui m'entourent, obstinées en leur pâleur terreuse malgré la brise vivace de l'alizé du Sud qui nous évente, en témoignent. Et cette décomposition interne des liquides et des organes est d'autant plus certaine que des causes secondaires y aident cruellement : les soucis emportés d'Europe, car combien de ces exilés volontaires fuient des misères? Le regret des habitudes patriales brusquement amputées, laissant aux sentiments des plaies aussi saignantes que la section d'un membre? Toute l'accoutumance cérébrale bouleversée, plus rien de ce qui intéressait jadis ne retrouvant son équivalence, partout de nouveaux visages, de nouveaux intérêts, de nouveaux paysages, avec la souffrance de ces vêtements inusités. Promptement l'estomac s'en mêlant et le dégoût d'une alimentation artificielle et insuffisante venant s'ajouter aux dégoûts de la nostalgie?

Les Anglais n'admettent qu'un an de séjour dans les régions tropicales africaines, puis recourent au retrempage au pays natal : il s'agit de rattraper, si possible, la substance perdue, de restituer au sang appauvri sa richesse; puis on recommence sur nouveaux frais. Les Hollandais veillent avec un soin minutieux au bien-être de leurs agents, construisent des habitations commodes et charmantes, opèrent des ravitaillements d'une salutaire abondance. Les Portugais, largement métissés, eux, par des siècles de domination étrangère, de sang phénicien, berbère, arabe, à demi sémites, supportent mieux ces pays ardents où le Soleil se promène chez lui dans l'enclos des tropiques, tandis qu'il n'apparaît chez nous qu'en propriétaire regardant par-dessus ses murs. Nos pauvres Belges, factoriens ou agents de l'Etat, dans les postes isolés où la plupart sont relégués, sont loin de ces précautions réconfortantes, quoique sans cesse leur sort s'améliore. S'ils meurent moins que jadis, ils subissent presque invariablement les atteintes du mal d'Afrique, l'anémie congolaise, avec, pour beaucoup d'entre eux, dès qu'ils voisinent quelque lieu paludéen ou miasmatique, quelque matière à contagion, les crises redoutables de la F. D. H., surprenant brusquement même les anciens, même ceux qui tentent le sort en se vantant de n'avoir jamais été malades, et les couchant alors en moins de rien dans la Mort. Derrière la façade de leur apparente belle santé, le climat, le redoutable climat a fait son œuvre et ruiné l'organisme, comme les fourmis blanches rongeant au cœur les poteaux d'une vérandah. — Leur faute, leur faute, leur faute! crient les optimistes, les hypnotisés du Congo. Imprudence, insouciance, excès de fatigue, abus des boissons, mauvaise hygiène, régime irrationnel! — Comme s'il était possible, dès qu'on arrive au bienheureux Congo, de devenir prudent, modéré, prévoyant, discipliné, irréprochable! « Je n'en ai pas les moyens », me disait un bon garçon à qui le médecin venait de faire cette belle leçon de morale. Ah! l'insupportable ennui d'une vie trop réglée, attentivement surveillée, maintenue dans le difficile équilibre de la perfection. *Propter vitam, omnes vitæ jucundæ causas perdere!* Et, d'ailleurs, comment se préserver en ces lieux sauvages des contaminations humaines et des contaminations telluriques? Partout l'épidémie et l'endémie fonctionnent comme si la Nature et l'Homme étaient incurablement atteints d'une syphilis intégrée. Comment éviter l'Homme et la Nature qui vous enveloppent comme le scaphandre enveloppe le scaphandrier? Ne pas boire! quand l'anémie et la chaleur y poussent invinciblement. C'est toujours la vieille histoire résumée en cet axiome cher à Bouvard et Pécuchet : Devient ivrogne qui le veut! Ici, comme en Europe, l'alcoolisme est le résultat de la fatigue, de la dépression, de l'insuffisance d'alimentation, de la déperdition excessive des forces. L'absinthe! l'absinthe! la bonne absinthe africaine, comme on dit au Congo! je n'en avais pas bu trois fois en ma vie. Quand, dans les factoreries ou les maisons danoises, on m'en offrit, je refusai d'abord. Puis, un jour, sous l'accablement du soleil et l'épuisement de l'effort, j'en bus. Je ressentis l'effet salutaire, la matérielle bienfaisance, le puissant et doux réconfort du « perfide breuvage », et j'y recourus comme les autres, l'aimant, le remerciant. A bord, dès que je retrouvai la fraîcheur et la vie de la zone tempérée, j'en perdis radicalement le goût.

Pendant qu'ainsi je médite, les derniers linéaments de la côte d'Afrique ont disparu. Quelques-uns de nos compagnons de route se sont assoupis : leur physionomie, distendue par le sommeil, exprime plus visiblement encore le délabrement. Puissent l'air patrial et les douceurs du pays retrouvé leur restituer les forces perdues qu'a pompées le soleil du Congo.

***

A l'avant du navire, nous avons de nouveau des noirs. En petit nombre, deux cents tout au plus, des gens d'Accra, où nous toucherons d'abord, et de Sierra-Leone. Ils retournent chez eux, « après fortune faite ». La fortune d'un négro ! Ce sont des travailleurs dont le terme est expiré. Ils ont touché leur masse et se sont renippés à Matadi, au plus grand profit des maisons de négoce habiles à usurer sur l'ignorance de ces naïfs. Leur préoccupation, enfantine, a été de singer l'Européen et les voici déguisés en dandys ridicules et multicolores, mêlant en un ensemble joyeux toutes les couleurs de l'arc-en-ciel et leurs dérivés : bérets rouges, chemises roses, jerseys bleus, pantalons jaunes, jaquettes blanches. Tous sont chaussés, miracle ! Tous ont un coffre en fer-blanc peint en tons crus contenant leurs richesses. Tous ont des fauteuils de bains de mer. A Matadi, au « Tam-Tam », cette festivité du dimanche soir où, pendant qu'on bat le tambour de guerre long comme un canon de forteresse, des boys et des négresses contorsionnent la danse du ventre en glapissant, j'en ai entendu, qui, regardant à côté de moi, disaient : — Ils sont tout d' même rigolos, ces sauvages ! — De loin, groupés sur le gaillard, quand le *Léopoldville* a débouché pour prendre rade à Banana, leur foule diaprée eût fait croire qu'un pensionnat de demoiselles à marier, en toilettes printanières, arrivait pour sauver les pauvres blancs du Congo de leur célibat forcé.

Ils remplacent nos farouches Sénégalais du voyage d'arrivée, occupés, eux aussi maintenant, « à faire fortune » en peinant terriblement sur la ligne du chemin de fer, et rêvant sans doute déjà aux joies du retour et au faste puéril qu'ils pourront alors déployer.

Car pour ces travaux du chemin de fer, jamais on n'a pu sérieusement trouver des ouvriers dans le Congo même. Il a fallu, avec des labeurs infinis, d'exceptionnelles dépenses et parfois de cuisants déboires, toujours chercher ailleurs. Et ainsi se pose dans l'esprit le problème du travailleur en cette contrée dont l'avenir dépend de la collaboration du nègre, toute œuvre entreprise et dirigée par le blanc impliquant, pour ses détails, des opérations multiples dont, sous ces latitudes écrasantes, l'Européen ne pourra supporter le poids. Pour le Bas-Congo la crise s'est déclarée. Dans les quatre districts qui forment le goulot de la gourde à grosse panse qui figure assez bien l'Empire en sa forme géographique, trouver, en quantité suffisante, « des collaborateurs noirs » est difficultueux. L'État en a voulu pour son portage sur la route des caravanes, pour l'approvisionnement en bûches de ses steamers de service sur le fleuve, pour le recrutement de sa petite armée. Il a dû recourir au service forcé et « palabrer » avec les chefs de village; il a fallu que ceux-ci imposent à leurs serfs ces travaux réglementés qui répugnent à leurs mœurs indolentes et sédentaires. Cette conscription d'un nouveau genre, cet esclavage déguisé, car le maigre salaire du malheureux va à son maître, a fait le vide. Le négoce privé a grande peine à se procurer des auxiliaires. J'ai vu à Sissia, dans l'île de Matèbe, le pressoir d'huile de palme installé il y a quelques années dans les plus ingénieuses conditions : il chôme, les trois quarts du temps, faute de cueilleurs allant abattre les régimes de coconottes au haut des palmiers dans les bois abondants du voisinage. Les villages se dépeuplent.

Administrativement on vous explique ce phénomène de manière à apaiser les appréhensions. On le déclare spécial au Bas-Congo, à ces districts désormais voués à un relatif mépris, tandis que toutes les admirations, tous les éloges, tous les espoirs sont réservés au Haut-Congo, au ventre de la bouteille. Et faisant ainsi la part du diable, on ajoute : « Le nègre du Bas est un dégénéré; on l'a déprimé par la traite et par le rhum. Il a parfois l'épouvante et toujours la défiance du blanc; il se retire à son approche comme l'animal trop pourchassé. Les peuplades de la côte se détruisent aussi elles-mêmes par l'abus de la « Kasse », ce poison judiciaire administré aux accusés, aux soupçonnés, sur les indications stupides des féticheurs dont les sorcelleries mystificatoires ont infailliblement prise sur des âmes obscures et superstitieuses. Puis les épidémies s'en mêlent : en ces dernières années, la variole les a ravagés, en flambée, comme les Aztèques, au Mexique, lors de la conquête de Fernand Cortez. »

Explications plausibles, mais qui ne dissipent pas les inquiétudes. Le contact des races, spécialement d'une supérieure avec une inférieure, a de si inattendues réactions. Il a mis dans l'histoire de si bizarres et de si cruels mystères! Aussi, ce danger d'avenir commande-t-il la plus grande prudence dans les mesures destinées à réglementer les rapports entre l'Européen envahisseur et le Nègre envahi, la connaissance la plus approfondie de ces peuples primitifs, l'absence de toute illusion sur la possibilité de les transformer, le respect des habitudes inséparables de leur âme négritienne, fussent-elles étranges ou barbares. Il faut reconnaître, hélas! que sur tout cela règnent encore, parmi les blancs, gouvernants et gouvernés, d'étonnants préjugés, et que des malentendus funestes se sont manifestés et sont à redouter encore. Ces erreurs ont été pour une part dans le dépeuplement du Bas-Congo! Qui sait si leurs effets funestes ne gagneront pas le Haut?

Nos premières journées de mer sont heureuses et paisibles. Nous sommes bientôt dans « le Pot-au-Noir » des marins, cette région toujours pesamment nuageuse, et pluvieuse par saccades, qui forme une ceinture ondulante sur l'Equateur, se déplaçant avec la marche fictive du soleil au long de l'Ecliptique et de son Zodiaque. Les aubes bleutées sont ternes, mais quelques beaux couchers illustrent la coupole céleste d'immenses paysages métalliques ou fulgurants. Les eaux n'ont plus la teinte fauve qui, au sortir du Congo, transformait leurs vaguelettes en un indéfini labour d'automne accumulant les guérets bruns où, dans nos champs, se blottissent les lièvres. Des escouades de poissons volants raient l'azur mouvant de leurs traits d'arbalète. Nos convalescents souffrent du roulis qu'augmente la légèreté du chargement. Car si pour aller au Congo le « cargo » ne manque pas, ah! que pour revenir il est rare.

Mille milles à faire, mille « nœuds », nœuds d'autant meilleurs, me dit un officier du bord, qu'une fois faits, plus moyen de les défaire, — pour arriver à Accra, sur la côte de Guinée, et nous en faisons galamment deux cent cinquante par vingt-quatre heures. A la quatrième aurore, la terre est en vue et ceux de nos passagers noirs pour qui c'est la patrie, font, avec entrain, leurs préparatifs de débarquement.

Il s'agit d'être beau et d'éblouir! Il s'agit de descendre en triomphateur et de faire envie! Des coffres, sortent les atours : le gilet justaucorps de flanelle ou de soie, couleur tendre, citronnelle, bleu céleste ou rose; la chemise à mettre par-dessus malgré la chaleur, blanche ou à dessin de fantaisie; la cravate ample et criarde, à nœud tout fait et à grosse épingle fixe; les chaussettes élégantes dans lesquelles entrent avec peine les gros pieds plats dont la plante, à peau rapée plus claire, semble usée par la marche et les fatigues; les souliers vernis de soirée ou les bottines jaunes de bain-de-mer; le veston court du gandin et le pantalon à jambes d'éléphant; aux doigts, des bagues; autour du cou, la chaîne de montre en perles fausses; à la main, un stick à bec de corbin; sur la tête, aux cheveux frisés séparés par une raie irréprochable de garçon coiffeur, un feutre mou; un mouchoir éclatant sort, en feu de bengale, de la pochette; à la boutonnière, une étrange rosace versicolore, décoration de fleur artificielle, on ne sait, éclate. Il faut imiter le blanc, même sans comprendre la raison d'être de ses actes; il faut se transformer en « gentleman ». J'en ai vu un qui s'inondait de parfum à l'aide d'un vaporisateur; la bouteille portait : Eau de Floride! Imiter, singer. Un factorien goguenard et sceptique me disait : « Le nègre est un singe moins malin que le singe; celui-ci refuse de parler parce qu'il sait qu'on le ferait travailler. »

M. Joseph Prud'homme, gros factorien enrichi par vingt années de négoce déloyalement exercé, qui, à côté de moi, contemple ce spectacle du haut du « château d'avant », me dit d'une voix sonore et avec un geste parlementaire : « Voilà la juste récompense du travail, Mossieu le socialiste. » Un négro, impressionné par cette clameur, tourne la tête, et, comme s'il avait l'intelligence de la chose, se met indécemment à esquisser une danse du ventre et à « barytonner du cul », ainsi que s'exprimait le divin Rabelais.

Bientôt la coupée du navire ressemble à un bal d'étudiants en goguette de carnaval. Nos pimpants amis ne mettent pas de gants, la nature s'étant chargée de leur en fournir d'inusables. Plusieurs ont été aidés dans leur toilette comique par d'obligeants compagnons transformés en valets de chambre, leur présentant, comme à des princes, chacune des pièces de l'accoutrement et donnant à l'ensemble le dernier coup de fion par une bonne frottée de leurs mains sales sur les plis causés par l'enfermé dans la malle.

Accra a surgi sur la côte à peine montueuse. Comme toujours, la lèpre blanche des constructions tachant le rivage au-dessus de la bande lumineuse de l'estran. Puis, à l'approche, des factoreries à toits plats et de forts vétustes. Ici longtemps domina la Hollande; maintenant c'est l'envahissante Angleterre, pieuvre allongeant ses tentacules à innombrables suçoirs partout où il y a des « business » à rafler.

Sur la plage, jonchée de rochers plats formant des brise-lames artificiels, déferlent en énormes volutes les lourdes vagues de l'Atlantique. Des baleinières, bousculées par les flots comme des bouchons, arrivent à force de pagaies manœuvrées frénétiquement par des noirs, mahoni, acajou, ébène, palissandre, échantillons humains des bois africains; pagaies dont la palette, tridentée, s'étale ainsi que de larges pattes de crocodile, attaquant des deux côtés la mer, avec fureur. Quand cette flottille farouche accoste le steamer et s'accroche à sa coque, ballotée par la houle, avec ses équipages aboyant, on dirait une meute prenant aux flancs le sanglier d'Erymanthe. Dans un indicible désordre de gesticulation, de cris et de jaillissements d'eau de mer, on descend les beaux coffres de nos nègres et nos beaux nègres eux-mêmes, oublieux de leur dignité et de leurs brillants costumes que mosaïque promptement de souillures cette bousculade de curée acharnée. Une chaise, la « mamy-chair », me dégringole au milieu du tas; mes mains, cherchant un appui, tâtent des têtes crépues, des bras, des épaules, des torses à cru et luisants; colis humain, je suis encaqué dans le grouillis du chargement et en route pour « le Shore ».

Sauvage spectacle de hurlements et de musculatures désordonnées en leurs efforts. Ayant, pourtant, cette très spéciale beauté, si rare en Europe, des membres nus se mouvant et s'agitant en l'harmonie de leurs tensions violentes, de leurs saillies nodales, de leurs enchevêtrements colériques, du travail surprenant de leurs efforts. Ah! de quelles esthétiques jouissances nous privent les vêtements sous lesquels est cachée toute la merveilleuse mécanique du corps humain, chef-d'œuvre de ligne et de couleur, et comme se comprend le besoin, pour un Michel-Ange ou un Rubens, d'en peindre l'émouvant prodige dans des chutes d'anges ou des précipitations de damnés.

Quelques bons soubresauts sur la barre et me voici à terre. Tout de suite la chaleur me plombe; on la croirait un reflet du sol. J'ai flâné dans Accra deux heures. Vieille cité, en partie ruinée, sans la riante végétation, des rues gazonnées de Sierra-Leone et Bathurst. Les Hollandais y ont laissé leur empreinte, non seulement dans les noms des indigènes qui rappellent les enseignes d'Amsterdam, les

Jan et les *Van*, les *Klaas* et les *Faaz*, mais surtout dans la construction des Chim'becks, couvertes de chaume, cabanes rustiques à petites fenêtres, d'où l'on s'attend à voir sortir les Campinoises des environs de Venloo ou de Ruremonde. Partout des nègres, parmi lesquels circulent indolents et dédaigneux quelques « business-men » britanniques ainsi que des requins dans les eaux poissonneuses. Ces gentlemen ont tous la moustache militaire à pointes relevées par laquelle la *fashion* britannique a, depuis quelques années, remplacé les favoris classiques qui allaient si bien à ces natures de marchands ; ils ont tous la musculature sèche de l'Anglais moderne, adonné aux sports par lesquels a été combattue et vaincue l'obésité jadis classique de la race. Les négrillons fourmillent, ornés souvent d'une hernie ombilicale, difformité courante en Afrique. Sous leur ventre démesurément enflé, une ceinture de ficelle symbolise les vêtements absents. Les pucelles de la ville, assez nombreuses (les autres sont en réparation, me dit un solide Anversois qui m'accompagne), passent, le torse nu, les seins en parade, remarquablement tendus et de modelage varié, tandis que d'horribles vieilles femmes de trente ans, auxquelles on applique involontairement le rude mot *Anus* que leur décerna le Latin brutal, exhibent négligemment les pochettes arides, flasques et plates comme des porte-monnaies où il ne reste qu'un petit sou, comme des cuirs à rasoirs, en lesquels se résout finalement et promptement cette beauté poitrinale montrée avec ostentation par les vierges noires, profitant de la même coutume ingénue qui permit à Elisabeth, reine d'Angleterre sans époux et restée fille intacte, de montrer jusqu'à son dernier jour ses royaux et majestueux appas. Est-ce à titre d'échantillon? Ou cela veut-il dire : Terrain sans maître, au premier occupant?

Au Post-Office, tout le personnel est nègre, sous la direction d'un blanc. L'aspect est curieux, satisfactoire et symbolique de l'harmonisation possible entre les deux races au Congo. Les visages sont intelligents et éveillés, les allures aimables et serviables, la besogne bien faite, quoique plus lentement et toute d'imitation. Il faut aussi plus de monde. Si le blanc, qui constamment surveille, rectifie, ramène à l'alignement, disparaissait, ce serait, m'assure-t-on, bientôt la négligence, la paresse, le retour à l'indifférence du sauvage. Mais le simple coup de doigt quotidien, la pesée sur les guides, le claquement du fouet, suffisent à maintenir dans la droite direction tout ce compliqué attelage. N'ai-je pas vu le même significatif problème en visitant au Congo les étonnants travaux du chemin de fer et ceux du fort de Shinka, d'une si nette et si belle géométrie?

C'est à Accra que moyennant dix shillings, un orfèvre nègre fond, sous vos yeux, deux guinées, si vous en avez de reste, et coule ces anneaux, aimés de nos Congolans, signe maçonnique de reconnaissance, qui représentent les douze signes du Zodiaque. La bague estelle trop large, ils en suppriment un; est-elle trop étroite, ils en ajoutent; un farceur leur a persuadé que c'est toujours le Capricorne qui doit servir de supplément quand ce bijou astronomique est destiné à une dame. Actuellement ces bibelots symboliques se font aussi à Anvers, de même que des épingles dites d'Accra dont Accra n'a jamais entendu parler.

D'Accra à Sierra-Leone. — Les Détracteurs et les Admirateurs du Congo. — Les Missionnaires. — La vie privée du Blanc : le Boy et la Négresse. — Sierra Leone. — L'Avenir du Nègre.

Du 7 au 11 octobre.

C'est par une journée divine que nous avons repris notre course. Par tribord la côte de Guinée défile panoramiquement à courte distance avec un admirable avant-plan lumineux d'azur. Elle est toute en découpure de monts espaçant les perspectives de leurs coulisses. Parfois, à la crête, dans les lointains, le poil d'une forêt. Tous sur nos pliants, la face au rivage, spectateurs attentifs et ravis, nous contemplons cette spacieuse mise en scène. Je ressens l'amplification d'âme, l'élargisssement et l'épuration d'intellectualité que seuls donnent les grands voyages.

Et de nouveau ma pensée vagabonde revient

à ce Congo dont l'attirance m'a tant dévié de mon itinéraire et dont incessamment m'entretient l'ambiance.

Quelles contradictions dans les opinions emportées par ceux qui en reviennent et hantant ceux que j'y ai rencontrés! Quel fanatisme chez les uns, quel dénigrement chez les autres! Quelles exagérations dans les deux sens! On dirait des amants heureux ou dédaignés parlant de la même maîtresse, les uns avec l'enthousiasme de l'amour satisfait, les autres avec la haine de l'amour trompé. Et à la pression des passions opposées, les mêmes faits apparaissent tantôt auréolés, tantôt sombres.

Sous les récriminations et les plaintes, on devine le mobile des amertumes. La maladie et ses abattantes misères. Le sentiment d'avoir tant risqué pour si peu; car elles sont maigres les compensations données à cette jeunesse qui va si loin jouer sa santé et sa vie. La conscience obscure qu'on se sacrifie au profit de bénéficiaires qui, là-bas en Europe, restent tranquillement chez eux, « le dos au feu, le ventre à table », et qui, sans doute, jamais n'iront s'exposer aux feux dévorateurs du soleil africain, au contact dangereux de cette terre congolaise dont les emblèmes héraldiques seraient si bien l'écrasant éléphant et le vorace crocodile, synthèses de sa pesanteur et de ses cruautés. L'injustice d'un pareil sort, écho partiel de l'universelle iniquité qui déshonore l'organisation sociale moderne, où, toujours, le moins rétribué est celui qui court le plus de risques et à qui est imposé le plus dur labeur, où le vrai travail loyal n'enrichit plus personne, où la spéculation parasitaire et pillarde peut seule mener à la fortune.

On la chante, à bord des navires qui vont ou qui reviennent, la chanson corrosive qui a condensé ces rancœurs, et qui, grandissant au sort de toutes celles qui ont exprimé non une fantaisie individuelle, mais un sentiment commun à un grand nombre, par cela même plus profond, n'a déjà plus d'auteur bien connu. Il convient, comme document de l'Épopée congolaise, de ne point la laisser se perdre dans les effacements du temps. Elle est trop typique et trop âpre. Écoutez-la en sa trivialité populaire. Air, la traînante et lamentable mélopée : *A Saint-Lazare* :

Y' en a qui font la mauvais' tête
A leurs parents ;
Qui font des dett', qui font la bête,
Inutil'ment.

Puis, un beau soir, de leur maîtresse
Ils ont plein l' dos,
Alors ils part' pleins de tristesse,
Pour le Congo ! Pour le Congo !

L' fameux Congo c'est en Afrique,
Ousque l' plus fort
Est forcé d' déposer sa chique
Et d' fair' le mort,
Ousque l' plus dur et l' plus farouche
Est vit sur l' dos,
Car on y crèv' comme des mouches
Dans le Congo ! Dans le Congo !

Dans le Congo, c'est là qu'on marche !
Faut pas flancher.
Quand on vous crie : En avant 'arche !
Il faut marcher.
On a beau faire des chicanes
Et tout l' bib'lot,
Faut prendr' la rout' des caravanes
Pour l' haut Congo ! Pour l' haut Congo !

Dans l'haut Congo, c'est là qu'on crève
De soif et d' faim ;
C'est là qu'il faut trimer sans trève,
Jusqu'à la fin.
Le soir on songe à sa famille,
Peu rigolo !
On pleure encore, quand on roupille
Dans le Congo ! Dans le Congo !

Dans le Congo la dyssent'rie
Fait des razzias ;
La fièv' bilieus', l'hématurie
Emboît' le pas.
Puis c'sont les sagaies et les lances
Des indigos
Qui f..... le restant sur la panse,
Dans le Congo ! Dans le Congo !

On est méchant, farouche et lâche
Quand on r'vient d' là.
Mais l' plus souvent d' chez les sauvages
On n' revient pas.
Pas même un coin de cimetière
Pour ses pauv' z'os !
Un' croix d' bois qui tombe en poussière,
Voilà l' Congo ! Voilà l' Congo !

Le Tyrtée à la dent dure, qui scanda ces strophes, en pleine brousse sans doute, ou sur la route impitoyable des caravanes, n'a pas été « répondu » par un barde équivalent célébrant les joies, contre-partie de ces malédictions. La tragédie en cinq actes à laquelle s'est appliqué très sagement et confortablement en Belgique, un de nos compatriotes, ne peut prétendre à cette portée, non plus que *Les Progrès de Boma*, qui racontent, en versiculets goguenards, les merveilles accomplies dans la congolane cité :

Plus d' marais, plus d' cloaques,
Plus d'endroit infectant !
J' vous racont' pas des craques,
Ah ! quels embelliss'ments !
Plus le moindre moustique,
Plus même un cancrelat
Ne rest' dans la boutique !
On n'a pas idé' d' ça !

L'autre jour en soirée
La princess' Nekoukou
Était un peu lancée
Et montrait son genou.
Sa mère, un' vieil' négresse
Ne permettant pas ça,
Lui tapa sur les fesses,
On n'a pas idé' d' ça ! Etc., etc.

Le Congo a, parmi ceux qui y sont ou l'ont fréquenté, d'obstinés défenseurs. Je les ai, il est vrai, rencontrés surtout parmi les officiels, surtout parmi les militaires. A leurs louanges presque toujours se mêle quelque exaltation ; mais ces témoignages recueillis sur les lieux ont une valeur, en même temps qu'une saveur, très particulières, et sont autre chose que les dithyrambes à froid si aisément et si complaisamment édulcorés par ceux qui, chez nous, n'ont jamais touché le théâtre brûlant où le drame du nouvel Empire se déroule.

Le Bas-Congo, je l'ai déjà dit, est, sans marchander, mis hors de jeu. On fait même volontiers un repoussoir de ce vestibule où le voyageur doit passer bon gré mal gré et qui n'impressionne guère favorablement. On incline à tenir pour gens de peu de conséquence, quelque chose comme des Congolais d'eau douce, ceux qui y résident et ceux qui ne le dépassent point. On leur parle du Haut-Congo comme Jason et ses compagnons devaient parler de la Colchide aux sédentaires du Péloponèse. Le Bas, c'est la brousse et la misère! c'est l'administratif et l'officiel ! C'est le quartier bourgeois bon pour la garde civique d'Afrique. C'est le Haut qu'il faut voir ! C'est dans le Haut qu'il faut vivre ! Là tout est beau, tout est fertile, tout est sain, le nègre est bien fait, il est intelligent, laborieux, honnête, la négresse est charmante, les paysages sont invariablement magnifiques, le climat est clément !

Viv' l'Equateur
Ce séjour enchanteur !
Voilà, voilà, voilà
Le vrai coin du bonheur !

De tous les districts de la terre
C'est l'Equateur que je préfère,
Ça c'est certain !
On n'y connaît pas la misère,
Grâce aux bons produits de la terre
Qui pouss' très bien.
Le corned-beef, les tin' anglaises
Dans un vieux coin repos' à l'aise.
Grâce aux vivres frais qu'on y a
Tout le monde y est gros et gras ! Etc., etc.

Je n'y ai pas été dans le Haut, quoique ayant pénétré à quelques cent kilomètres et visité quatre districts. Il eût même fallu aller beaucoup plus loin que Léopoldville et le Stanley-Pool, puisque le professeur Émile Laurent, après sa studieuse tournée, déclare que le district du Pool, le cinquième, est à peu de chose près l'équivalent des quatre précédents. Mais de même que le grand Fleuve amène dans « le col de la carafe », à Matadi, Boma et Banana, toutes les eaux du Haut, c'est là aussi qu'arrivent à leur déversoir naturel toutes les idées et tous les rapatriés du Haut, et dès lors, quand on y a séjourné, avec la volonté d'apprendre, on n'est point sans être renseigné abondamment, sinon *de visu*, au moins *de auditu*. On a l'oreille au cornet du téléphone.

Or, il apparaît d'une telle information que, s'il échet de rabattre sur les enthousiasmes délirants de quelques fanatiques, l'ensemble est assurément bon. Les militaires qui voient la conquête, l'aventure, « la victoire et la gloire », le placement effectif de leurs instincts guerriers sans emploi en Belgique, l'avancement rapide, les honneurs, montent certes trop le ton de leurs claironnades. Les officiels, très préoccupés de correction hiérarchique et de discrétion vis-à-vis d'un maître susceptible à l'excès et froidement impitoyable dans ses rancunes, prennent le même diapason, quoique avec moins d'ardeur. L'orchestre de ces louanges a donc trop de bruyance.

Mais des deux à trois cents blancs extrêmement variés de caractère, d'allure, de condition, qu'il me fut donné d'interviewer, ce qui assurément est une notable moyenne sur les treize à quatorze cents qui sont au Congo, il n'en est pas un qui n'admire la façon prompte et étonnamment méthodique avec laquelle la jeune colonie a été organisée, sous l'impulsion d'une volonté unique ayant la claire et rationnelle vision du but, une exceptionnelle perspicacité dans le choix des mesures et la possibilité d'accomplir ce qu'elle avait résolu. Car (il est intéressant de le signaler à ceux qui savent les mille obstacles et les multiples points d'arrêt qui, en notre pays constitutionnel, se dressent devant tout désir, tout projet, toute espérance) le Souverain de l'Etat Indépendant est plus maître au Congo que l'Empereur de la Chine en Chine, et, du jour au lendemain, peut défaire et refaire, dans tous les ordres de choses, au gré de son caprice. C'est le potentat le plus absolu de la Terre et, devant sa toute-puissance, blancs et noirs n'ont de droits que ceux qu'il lui plaît leur accorder. Il n'existe de garantie et de limites à cette omnipotence que dans ce bagage d'idées modernes sur la manière de gouverner qu'il est difficile de ne pas respecter sans soulever l'opinion des nations civilisées.

Dans toute l'histoire des Colonies, il n'y a pas d'exemple d'un résultat aussi avancé obtenu en un temps aussi court, avec un personnel, souvent de hasard, et constamment déprimé par la maladie. Ces explorations réitérées, pénibles et souvent meurtrières pour ceux qui en couraient l'aventure, par lesquelles a été faite, dans tous les sens, la reconnaissance du territoire et auxquelles sont attachés les noms de Stanley et d'une pléiade de nos officiers, comme celui de

Xénophon à l'Anabase. Cette occupation successive par l'établissement de postes jusqu'aux plus lointains confins, reliés ainsi que les nœuds et les rets d'un épervier solide couvrant la colonie entière de ses mailles et la protégeant. La fondation de villes en des endroits parfaitement choisis pour l'administration, le commerce et les guerres inévitables. L'organisation à Boma, la capitale, des services du pouvoir central dont j'ai pu étudier le fonctionnement et les détails remarquables. L'établissement de communications régulières entre toutes les parties de l'Empire. La formation, parmi des difficultés, des déceptions et des remises sur le métier innombrables, d'un corps de fonctionnaires et de déterminés soldats qui suffit à la direction, à la surveillance et au travail incessant. L'obtention des ressources nécessaires à cette œuvre longue, ininterrompue, d'une complication inouïe, d'abord par des sacrifices personnels tenant de la prodigalité la plus gaspilleuse, puis, quand cette source fut épuisée, par une diplomatie opiniâtre d'une surprenante habileté, — voilà un prodige dont il serait puéril, même à ceux qui n'éprouvent pour l'entreprise congolaise aucune sympathie, de contester le merveilleux et qui s'impose surtout quand on a pu, sur les lieux, voir les choses, vivant et fonctionnant dans leur réalité, leur harmonie et leur décor. Il explique « l'emballement » des uns, l'hallucination des autres. Ni la France, ni l'Allemagne, ni l'Angleterre, malgré leur puissance et leur expérience, n'ont rien fait de semblable dans les morceaux du gâteau africain qu'elles s'attribuèrent lors du partage; le Congo apparaît comme un modèle à suivre pour ces orgueilleux colosses. Je l'ai ouï confesser, sans restriction, par leurs nationaux. A peine quelques-uns mettaient-ils la pédale sourde à leurs louanges, en disant que cette Afrique louche ne vaut pas, pour le moment, la peine de tels sacrifices, et que ce n'est qu'une terre d'attente, à laisser dormir sans autre dépense actuellement opportune que celle du gardiennat.

Qu'est-ce que tout cela vaut au point de vue utilitaire? N'est-ce pas simplement un curieux édifice, un jeu d'adresse et de virtuosité, la réalisation d'un rêve individuel extraordinaire? N'est-ce qu'un échafaudage maintenu à grand'peine, qui s'effritera, chancellera, croulera, un témoignage de ce que peut créer la ténacité dans la fantaisie même quand il s'agit de chimère? Ces efforts d'équilibre correspondent-ils à un avenir de prospérité, à un résultat en accord avec les destinées historiques d'un peuple de race européenne tel que la Belgique? Ceci est un autre point de vue, plus profond, plus énigmatique, de solution grave, d'étude laborieuse. Mais il se comprend que devant la grandeur et l'ingéniosité de ce qui a été accompli et s'achève d'une main si sûre et si énergique, quantité de jeunes âmes vaillantes, dédaigneuses du péril, heureuses d'avoir trouvé un Chef, se présentent pour collaborer à l'œuvre et la défendent avec une sorte d'acharnement.

Un Chef! que l'éloignement et la demi-obscurité magnifient, à qui les indigènes ont transporté le nom de guerre de Stanley, BOULA-MATARI, Brise-Pierres, le Saxifrage, et qui, pour eux, siège comme une divinité, soit au fond des mers, soit dans les brousses de la froide Europe, de l'M'Poutou, « où l'on mange les noirs ». On comprend aussi qu'à l'aspect des horizons d'entreprises entr'ouverts dans cette vaste contrée où désormais règne la sécurité du commerce et du parcours, « les coureurs de négoce » admirent et emboîtent le pas. A ce spectacle j'ai assisté, non pas en cabinet à Bruxelles; là-bas, sur le champ de bataille. Je manquerais à mon devoir de narrateur véridique en le taisant.

Une légère et longue concavité creuse la côte de Guinée depuis le cap des Trois Pointes jusqu'au cap Palmas. Nous avons suivi la corde de l'arc et perdu la terre de vue. Quand elle apparaît de nouveau, elle est plus basse encore, causant toujours cette déception : que c'est un bien mince rivage pour la massive Afrique. On voudrait de lourdes masses, des monts énormes, des remparts naturels formidables, alors que tout est plage unie, collines, uniformité et douceur.

A bord, la tranquillité est grande. Rien des festivités bruyantes et des « beuveries » tumultuaires qui, paraît-il, font parfois des retours de Congolais une noce ininterrompue seulement par le coup de cloche funèbre de la mort d'un malade, vite, trop vite oubliée, aussi indifférente que la chute des compagnons de rang sous les balles dans les combats. C'est la vie calme et blanche d'un hôpital, d'un asile de convalescents. Dans la traversée d'arrivée, nous avions des musiciens qui, tous les soirs, brodaient des chants aimables, ou grivois, sur la basse continue du « pistonnement » de la machine. Nous avions jusque cinq dames, de gabarits et d'agréments divers ! Il n'y en a plus ! Actuellement, seule la Stewardesse, inoccupée, orne le couloir central des cabines de la rareté de sa féminine présence.

Des Dames, oui, spécialement de ces missionnaires que la prévoyante Albion frête pour devenir les compagnes, en pays hors commerce, des utiles agents religieux et commerciaux qu'elle expédie partout en éclaireurs, en commis-voyageurs, en propagandistes et, ajoutent les langues vipérines, en « mouchards ». Le Congo n'a pas échappé à ces termites infatigables. Un plaisant résumait curieusement leur lent travail de rongeurs : « Il s'agit, me disait-il, de préparer les nègres à la conquête indirecte par les idées et le commerce anglais. Pour cela, ces « honnêtes courtiers » colportent des cartes de la Terre où une teinte rouge, presque universelle, marque la soi-disant domination de l'Angleterre, tandis que quelques petits points noirs désignent les territoires mesquins des autres nations. Au dos, un portrait de la vieille reine (dont vous connaissez la figure et la tournure) sous les traits superbes d'une

Minerve calme, la lance à la main; tout autour, une série de visages, à l'aspect grognon et mufflesque, représentent les autres souverains, enguirlandant, comme des feudataires, l'Impératrice du monde. Des « clercs » noirs sont chargés de distribuer cette étrange composition aux naturels, en leur expliquant qu'il n'y a qu'une vraie langue, l'anglais, et que les autres sont des patois; qu'il n'y a qu'un drapeau, le britannique, et que les autres sont des mouchoirs dont la vraie destination est de rester en poche.

L'apologue est symboliquement fort exact, quoique de fantaisie, je suppose. Il n'est pas superflu d'ajouter que l'apostolat religieux de ces rares apôtres est souvent au niveau de leur mission politique. Un missionnaire yankee fait chanter aux sauvages du Kassaï l'inepte cantique que voici, caressant à la fois l'âme et le ventre. C'est en Fiotte bâtardé de Balouba.

Dieu est très bon!
C'est Dieu qui donne la viande!
Manger beaucoup de viande
Est superlativement bon!

*
* *

Après notre écart pour joindre Accra, nous avons rallié la direction que nous suivîmes il y a deux mois. Nous voici de nouveau le long des côtes de Libéria, la République nègre, dont le Gouvernement toujours besoigneux a imaginé de se créer des ressources, aux dépens des collectionneurs, en renouvelant tous les ans ses timbres-poste ! Nous cinglons, cette fois, près du rivage. Le clocher pointu et quelques toits de la capitale émergent des collines. La coque blanche d'un vaisseau de guerre est mouillée dans la baie. Sur le *Léopoldville* on joue des jumelles, on parlotte, on jacasse, ainsi qu'il arrive au moindre incident de la vie monotone du bord, pour ceux en qui l'immense et circulaire spectacle de la mer et du ciel, si simple et si tragique, n'éveille point incessamment le souvenir des catastrophes qui s'accomplirent dans cet indestructible décor des fatalités impassibles.

Un passager redescendu du Haut m'a parlé avec émotion de « sa Femme ». N'allez pas croire qu'il s'agisse d'une épouse à retrouver en Europe après des mois et des mois d'absence et d'inquiétude. Non, c'est sa Négresse, qu'il a dû laisser là-bas, dans quelque poste isolé, à la merci des événements. Il lui a fait jurer de ne le trahir « avec aucun blanc ! » Il n'a pas eu la téméraire naïveté de comprendre dans ce serment les noirs. Il compte la rejoindre en cet état de fidélité relative ; il parle vaguement de l'épouser.

Ah! la compliquée et singulière affaire que celle du sexe pour le blanc au Congo et combien partout où l'on va on la rencontre en la barbarie de sa solution! L'Etat ne tolère pas qu'on amène là « une amie » ; si on ne l'épouse pas, il la réexpédie dare-dare à son lieu d'origine. Et même pour les légitimes compagnes, il n'y met pas de complaisance. Alors on s'est demandé comment faire? Ceci veut quelques périphrases.

En dehors de sa fonction gouvernementale ou de son emploi commercial, l'existence privée du Blanc tourne sur deux coussinets : le Boy et la Négresse.

D'abord le Boy. C'est le serviteur, le domestique, le groom, à la fois cuisinier, « lavadère » du linge auquel il communique cette *suave* odeur d'huile de palme qui hante les narines, fade et écœurante, longtemps encore après qu'on a quitté les rives du Zaïre, « linguistère » quand son maître ne s'est pas encore familiarisé avec les idiomes indigènes; langues bizarres dont on peut dire, sans paradoxe, « qu'il s'agit non seulement de les parler, mais encore de les comprendre », car le nègre défiant s'arrange de manière à les jargonner de façon incompréhensible avec ses compatriotes en toute conjoncture où cela lui est utile.

Le Boy fait le ménage, le « Tchope », c'est-à-dire la mangeaille, court(si l'on peut s'exprimer ainsi) pour les commissions, pieds nus, vêtu d'un pagne en long jupon et d'une chemise en surplis et porte les « Moukandes », les lettres, espérant perpétuellement le « Matabiche », le divin pourboire, trop souvent, hélas! remplacé par un « Katouka bushman' » (f... moi le camp, sauvage!), auquel entre les dents il répond par un « Jambové » (je m'en f...!). S'il attrape quelque aubaine, il l'emploie à faire « Tchin', tchin' » à trinquer, avec des collègues, ou à acheter des présents : perles, tabac, rhum, étoffe, viande pour la préférée de son cœur.

Il en existe déjà toute une confrérie de ces « gens de maison », dont les adeptes se repassent les secrets du service des blancs. On en voit apparaître un, de temps en temps, en Europe, qu'un convaincu ramène, persuadé qu'il possède un serviteur modèle et curieux dont le noir visage fera sa gloire auprès des voisins; d'ordinaire il ne faut pas un long temps pour que ce personnage merveilleux cause le désespoir de l'imprudent qui l'a mis en trop intime contact avec notre civilisation raffinée et nos femmes de chambre, et il le lâche, non sans soulagement, ou supplie le capitaine du steamer de le reconduire aux délices de la brousse et de la Chim'beck. Le phénomène est si connu que l'Administration a cru opportun d'imposer un cautionnement sérieux à tout revenant qui veut se payer le luxe de se faire accompagner d'un de ces échantillons de la population native.

C'est un travers presque universel de croire le Boy « qu'on a » irréprochable (Une perle, monsieur, une vraie perle! — Apparemment une perle noire). Tandis qu'on trouve le Boy des autres une fripouille. La vérité est que, sauf les petits de huit à douze ans, qui sont actuellement recherchés de préférence et qui vraiment ont une originale et gracieuse gentillesse, ces gaillards sont, en général, derrière leur taciturnité et leur obéissance passive, d'affreux et malpropres polissons, puant le fauve, menteurs à déconcerter le diable, paillards à distancer les boucs, voleurs de garde-manger et de cantines, incorrigibles allégeurs de bouteilles. Le sage se résigne à se laisser voler pourvu qu'ils le fassent décemment. Quant à la propreté, quant à ce qu'ils font de leurs doigts, dont la netteté, vu la couleur, est invérifiable, quant à ce qu'ils fourrent dans les plats qu'ils cuisinent ou servent, il n'y faut pas penser si l'on veut conserver les derniers ferments d'appétit que laisse la chaleur.

Voyageant au Maroc, j'avais, les premiers jours, trouvé intéressant d'aller boire le thé à la menthe ou le fameux café « à la Turca », sous la tente des Maugrabins de notre escorte. Le Drogman me prit à part : — Mais c'est très dangereux ce que vous faites là; ces gens ont une telle haine des Roumi, des Nazrani, qu'ils fourreront dans votre tasse des morceaux de leurs croûtes, et voyez leur peau! — Il me montrait des incrustations et des cristallisations assurément remarquables. Je me suis souvenu, en ce bon Congo, de cette anecdote, au spectale de quelques incidents vraiment suggestifs. Dans une de mes excursions, ouvrant ma fenêtre pour humer l'air matinal après une nuit d'étouffement sous une moustiquaire, je vis le Boy de mon hôte, « une perle », nettoyer la vaisselle en léchant les assiettes et les plats; après quoi, crachant dessus, il les frottait à sa tignasse crépue et finissait cet intéressant travail en les essuyant avec un linge qu'on eût cru emprunté à la lampisterie d'une gare; très sérieusement, du reste, sans aucune mauvaise intention apparente, avec le sentiment du devoir accompli. — Un autre visitait soigneusement, des deux mains, la série complète de ses orteils pour en extirper les « tchiques »; ce nettoyage fait, il prit un couteau de table pour se râcler aux jambes je ne sais quelle salpêtreuse efflorescence; puis, se levant, il saisit un pain, l'appuya contre sa poitrine odorante et coupa avec soin et gravité, à l'aide du même couteau, les tranches pour notre déjeuner. — Un soir, m'étant couché imprudemment sans visiter les draps et réveillé par le chatouillement d'une « bourbouille » germante, je constatai sur le drap la présence de taches violettes suspectes qui me déterminèrent à achever ma nuit dans un pliant. Le lendemain, nous étions à table à savourer une « Mowambe », fricassée de poulet à l'huile de palme, fort savoureuse, quand mon attention fut attirée par des maculatures de la nappe : c'étaient celles de mon drap! Mon drap avait passé de ma couchette à la table après être, sans doute venu de la table à ma couchette. — Qu'est-ce que c'est que ça? demandai-je. — Ce sont des taches de vin portugais, répondit ingénument un convive!!!

Quelle est la psychologie de ces Scapins couleur de deuil? Mystère! comme la psychologie de tous ces noirs, silencieux dès que le blanc apparaît, silencieux autant que les oiseaux quand l'épervier plane, défiants, concentrés, soumis. Si près et si loin! Gardant obstinément le secret des pensées rudimentaires, des sentiments embryonnaires, des désirs et des aspirations barbares encavés dans leur crâne dur, ne les révélant que par brusques et courtes échappées, par anecdotes et faits divers, que malheureusement, en leur superficialité, les blancs ne notent pas pour former la base dont un observateur et un généralisateur tirerait la conclusion ethnologique. Une immense série de données précieuses est ainsi constamment perdue alors que, recueillies, elles auraient, pour pénétrer cette humanité ténébreuse et si diversement appréciée, la même efficacité peut-être qu'eurent les sèches et, en apparence, stériles constatations horaires des livres de bord pour dégager la belle théorie des courants, des vents et des cyclones.

Quelques traits encore. Ont-ils quelque chose qui ressemble à de la Dignité personnelle! Voyant un élégant adolescent dont la chevelure surplombante, en mancenillier, me rappelait un ami célèbre, je le nommai Sar Peladan. La vibrante lettre *r* est obscure pour ces lèvres lourdes et ces langues charnues ; il en est même qui prétendent qu'elle n'existe pas dans leurs charabias et que partout où des linguistes trop savants la fourrent, il faut mettre une *l*. L'éphèbe en question comprit sale au lieu de Sar, et se plaignit. — Ont-ils de la Fidélité? Stanley raconte qu'un des premiers actes du Boy de qualité choisie qu'il avait emmené et paternellement traité en Europe, fut de déserter dès son retour au continent noir, en lui enlevant son fusil et sa montre. — Ont-ils de la Rancune? Quand le commandant Peltzer, maître dur, eut été tué, son Boy, désormais sans crainte, alla tirer des coups de fusil à son cadavre.

Si pour les hommes, les femmes, les enfants on butinait, en bien et en mal, tous les détails analogues de la quotidienne existence, on serait vite au fait. Peut-être qu'elles en contiennent des brassées, les archives de l'Etat Indépendant, tenues secrètes aussi rigoureusement que le furent longtemps celles de Simancas sur le règne de Philippe II d'Espagne.

Si, comme collaborateur indispensable, le Boy est à l'un des pôles de la vie privée des

Blancs au Congo, la Négresse est à l'autre. Il est rare d'en rencontrer qui aient résisté au besoin de ce concubinat panaché d'où résulte parfois un petit mulâtre, mâle ou femelle, pour lequel l'heureux père manifeste une vive affection, à moins qu'il ne l'abandonne carrément aux hasards du négrillonnisme. Il en est qui, par allusion à la couleur de peau de « la chère et tendre », nomment cela : « Devenir ébéniste. » Dans les premiers mois, paraît-il, la répugnance est vive. L'odeur, la teinte, la physionomie indéchiffrable sous les ténèbres du derme, l'aspect vulvaire et sanguinolent de la bouche malgré la splendeur de la denture, apaisent les velléités masculines. Mais peu à peu on s'accoutume, comme à un bal masqué, à ne plus demander le décisif attrait au visage, miroir souvent menteur de l'âme, ici dissimulé sous la suie. On s'arrête avec complaisance à contempler le beau bronze des bras, des épaules... et de leurs environs.

La séduction opère, la Nature complice fait mouvoir les secrets ressorts de la reproduction, ... et on se lance comme les autres. Les plus délicats vous prédisent ce sort en cas de séjour prolongé et affirment qu'on ne s'en trouve pas mal; qu'on se fait à ce régime où le parfum rance de l'huile de palme, habituel cosmétique de la race, joue un rôle important; que les pieds nus, trottinant dans tout ce qui se rencontre en ces lieux sans voirie, ne sont plus des tares insupportables; qu'au surplus, si l'on est dans le voisinage d'une rivière, on prescrit à la dame des ablutions, au moins extérieures, plusieurs fois par jour, comme l'attestent les enlèvements... par des crocodiles; qu'on est très heureux, dans sa solitude, d'avoir la nuit près de son lit, vautrée sur une natte ou sur une couchette basse, à l'abri de la même moustiquaire, malgré le bain des mêmes transpirations, une maîtresse-servante très soumise et obligeante qui vous soigne et vous veille en cas de maladie; que la conversation de ces animaux domestiques n'est assurément pas celle d'Aspasie, mais que, dans la disette terrible de communication avec l'humanité blanche (quelques-uns, combien rares! ont ajouté : de tout aliment idéal), on ne dédaigne pas plus leur bavardage de perruche qu'on ne dédaignait sur le radeau de la *Méduse* un morceau de cuir macéré; que s'il est vrai qu'on les trouve souvent la pipe au bec, ou gaillardement éméchées par le rhum de traite; que s'il est vrai que ces polissons de Boys (pas le mien, ne manque jamais de dire l'interlocuteur) font des prélibations dont la sensualité patriotique de ces dames est friande, ce Sganarellisme tropical n'est pas fort différent de celui d'Europe.

Ces propos de haute graisse et philosophie congolane finissent d'ordinaire par l'offre très hospitalière d'essayer sur quelque échantillon présentable disponible dans le voisinage. Je n'en profitai guère. Vous comprenez : un Sénateur! Surtout un sénateur socialiste !!

C'est femmes sont, presqu'invariablement, des esclaves qu'on achète à un taux ridiculement bas, comme on achèterait une chèvre. Il y a, du reste, dans leurs allures quelque chose de la bête qui, placidement, se laisse traire. A Luebo, dans la région bénie du Kassaï qui actuellement est prônée comme la plus mirifique (il y a peu de temps encore c'était le Katanga, mais il paraît que cette réputation a fait faillite), on a une « belle femme », voire « une calebasse », c'est-à-dire une vierge, par allusion, sans doute, à l'exhibition de leur jeune et ferme poitrine, pour deux pièces (quinze mètres) d'étoffe, soit quatre francs valeur d'Europe. A ce compte-là vous comprenez que quelques gars, sanguins et bien musclés, se sont payé le petit harem de leurs rêves ou ont changé de personnel à chaque lune. Sérail dans l'espace ou sérail dans le temps. Quelle bénédiction pour ceux qui, en la rigide Europe, devaient trop souvent jeûner! Et on nourrit ces tulipes noires pour deux « copes », deux coupelles de perles de pacotille par semaine, valeur d'Europe douze centimes! Douze centimes! Quelle honte pour nos avides hétaïres! chèvres aussi mais broutant, elles, des billets de banque. Oh! le Kassaï! Oh! le Kassaï! Il est vrai que c'est là aussi que se récolte le plus beau caoutchouc. Il est vrai que c'est là que le salaire d'un travailleur est de dix centimes par jour, plus une cope de perles pour ses vivres! Pourvu que cela dure, bon sort! pourvu que cela dure, criait un couvreur en train de tomber de la tour Saint-Michel.

— Vous dites qu'elles sont esclaves? objectera-t-on. — Mais oui.

L'Esclavage, malgré les professions de foi et le bon vouloir de l'État, existent bel et bien au Congo. Que de choses, que de choses niées en Belgique, que là-bas nul ne conteste, que là-bas nul n'oserait mettre en question, à moins de passer pour un ignorant ou un jocrisse! L'esclavage existe pour la moitié, au moins, de la population. La traite par les négriers a disparu; l'enlèvement, la razzia, par l'Arabe a disparu. Mais l'esclavage dit domestique s'épanouit à l'aise, avec tous les agréments du droit de propriété, *jus utendi et abutendi*, comme, par exemple, la mise à mort à coups de machette ou de gourdin, suivant le caprice du maître, spécialement quand il s'agit de procurer à un chef défunt une escorte suffisante pour qu'il puisse paraître dignement dans l'autre monde et n'y pas manquer de serviteurs. Naturellement le droit de vendre et d'acheter s'ensuit, et il s'exerce avec une indifférence et une désinvolture absolues tant chez les contractants que chez la bête,... je veux dire l'être, objet de ce trafic; il subit le va-et-vient des transactions, passe de l'un à l'autre, change de lieu et de personne, le plus simplement du monde, avec une inconscience résignée; sauf que c'est une joie pour une femme d'être acquise par un blanc qui ne manque pas de la traiter avec certains égards européens, émerveillants pour la misérable.

Voilà donc le petit ménage congolais. Il est ainsi organisé du haut au bas de l'échelle, adopté par les fonctionnaires comme par les factoriens, même par Messieurs les magistrats! oui, les magistrats, Madame; même par... mais silence et respect aux autorités supérieures! Cet universel contubernalisme est toléré par les gouvernants et passé à l'état d'institution. Que son influence soit bienfaisante, on peut, sans bégueulerie en douter. L'absence presque complète de femmes blanches est assurément un des facteurs qui contribuent à infliger à tout résident au Congo cette relative dépression morale qui impressionne l'observateur, le débraillé des allures et des habitations, le fléchissement des sentiments délicats, une rusticité allant parfois jusqu'à la sauvagerie. Il faut, il est vrai, combiner cette cause avec l'amoindrissement, sinon la suppression de la vie intellectuelle : presque pas de conversation possible, et quand on converse, une manie de dénigrement réciproque, l'agent de l'Etat dédaignant le factorien, le factorien brimant l'agent de l'Etat, les factoriens, se débinant entre eux, les agents de l'Etat se bêchant. Pas de journaux, si ce n'est par paquets, aussi rancis en leurs nouvelles que les vieilles gazettes ramenées par le hasard du fond des marais de l'oubli. Peu de livres et quels livres! Pas d'art, non pas d'art, rien de cet essentiel aliment des âmes, producteur et conservateur du plus beau de nous-mêmes! Tout cela est pneumatiquement réduit au vide, subit un universel décollement; c'est un écorchement, une décortication cérébrale.

— Il faudrait donc des femmes blanches, là-bas? — Certes. — Une blanche vaut deux noires, me disait avec un soupir un agent amateur de musique. Là où rayonnent les quelques-unes qui ont accepté la vie congolaise (j'en ai vues, ah! quelles sont rares, les Belges surtout!) une douceur de foyer familiale est épandue, une séduction d'ordonnance et d'harmonie. Mais combien héroïques les faut-il! Je me demande si une Européenne, arrivant dans le farouche et suffoquant paysage de Matadi, pourrait ne pas fondre en larmes au souvenir de la patrie, fraîche et compatissante. Nos femmes sont mal armées pour ces dures missions, anémiées qu'elles sont presque toutes, bourgeoises par leur vie artificielle, ouvrières par les insuffisances alimentaires du salariat. Le brasier du Congo, doux pays où tout se réduit au même dénominateur de la suée sans merci, les aurait bientôt rendues « belles des pâleurs de la blanche chlorose ».

Sierra Leone est en vue. La montagne qui en marque le site, ayant à revers le soleil levant, surgit en teintes sombres comme si nous approchions d'une côte scandinave : des verts durs, des coins noirâtres, la crête à l'emporte-pièce. Pendant que nous avançons, l'astre cuisant dépasse le décor qui le cache et le paysage charmant de Free Town et des collines qui l'encorbeillent se démasque dans la splendeur de ses verdures ponctuées du rouge de la terre. Ah! l'adorable mosaïque, le songe d'un artiste épris du ragoût des couleurs vives et de l'emmêlement pittoresque des végétations et des habitations exotiques!

Nous jetons l'ancre. On me remet un paquet de lettres, les premières qui m'arrivent depuis mon départ d'Europe. J'ai peur de les ouvrir. Ah! qu'elles sont souvent des cartouches de malheur! Et combien cruelles, quand on est si loin, non seulement les nouvelles néfastes, mais l'indifférence des sentiments. Cette fois, de ces volières fragiles, ne s'échappèrent que des oiseaux heureux, aux chants d'alouette. La distance, plus fraternelle que nos cœurs. bande le ressort des affections; la distance, comme la Mort, est épuratrice; la distance, comme la Mort, est la reculée nécessaire pour voir une âme en sa vérité.

Je retourne parcourir la riante et mortifère cité, belle et funeste comme le mancenillier, cimetière décoré de lauriers roses. On m'entraîne à visiter le bizarre et célèbre hôtel-restaurant de Miss Silina Macaulay, où, dans un intérieur d'intimité à demi-hollandaise, au haut d'un escalier gardé par des chiens et des nègres suspects, garni, en guise de tapis, de sacs vides de coconottes, des dames négresses, variées et avariées, très complaisantes, s'occupent des visiteurs à l'abri de rideaux blancs innocents ornant les petites fenêtres. Aux murailles, ô sacrilège! notre dame des Sept-Douleurs, le divin Sauveur, la Fuite en Egypte! Je ne fais, en ce lieu de délices, qu'un très écourté séjour. Il fallait le voir : c'est de tradition à bord des steamers de la « Compagnie maritime belge du Congo »!

La lourde chaleur humide qui m'avait opprimé lors de ma précédente descente pèse toujours sur cette immense serre qui a le ciel pour coupole, révélant le péril du lieu et, cruellement, altérant le bonheur de parcourir l'entremêlement ravissant de ses rues gazonnées. Tantôt un bon Congolais me disait : — Comme c'est mal tenu, hein! il faudrait enlever toute cette herbe! — Les feuillages me semblent plus savoureux, plus gracieux encore. Les maisonnettes font penser à des retraites de poètes. Tous les murs, tous les porches, tous les escaliers de pierre sont, aux jointures des moëllons, enrichis de cette mousse veloutée qui, chez nous, n'est la parure que des ruines, et qu'ici la moiteur, féconde en floraisons et en belles moisissures, fait éclore en quelques jours. Et, chose étrange, de nouveau je retrouve des rappels de la patrie : aux confins de la ville, tel chemin paresseusement contourné, bordé d'arbres abritant des cabanes toiturées de chaume, au sol étoffé de vert épais, m'a donné un instant l'illusion des environs de Genck. Je le dis, je l'ai dit plusieurs fois en ce récit, pour que les dédaigneux de la terre natale apprennent à mieux la voir et à plus l'admirer, sans trop de regret ou de désir des lointains.

Une atmosphère de mélodie règne sur Free-Town. C'est dimanche : les temples protestants, petites églises de village, pullulent, et dans tous, portes et fenêtres ouvertes, on chante des cantiques. Ce sont les nègres : les hommes, les femmes, les enfants nègres. Par besoin religieux ou besoin de mélodie? que sais-je! Ils sont là entassés, endimanchés, marquant déjà par des différences de costume les différences de classe, les bourgeoises en chapeaux à fleurs, les femmes du peuple la tête serrée dans un madras. Ils chantent avec un parfait ensemble et des voix épurées. Ils chantent avec un instinct vif de musicalité, dirait-on. Et tout de suite, me revient, avec ses brumes, le problème de ce qu'on peut faire de cette race, des chemins où on peut la mener, de l'indice jusques auquel on peut bander sa transformation. Imitateurs, ai-je déjà dit, imitateurs prompts et habiles. Oui, pour tout ce qui n'est qu'œuvre individuelle, métier, fonction où l'homme n'a à diriger que son propre effort, où on ne lui demande pas des pensées d'organisme, des généralisations qui exigent un organe cérébral supérieur. Ils vont alors, entre ces parois rétrécies, ils travaillent, ils accomplissent, lentement, il est vrai, mais bien, avec une moindre quantité de résultat utile que le blanc, mais égal, semble-t-il, en qualité. Qu'un cerveau aryen directeur soit là, ferme et bienveillant, pour l'impulsion et le redressement des déviations, et peut-être cette courte formule est-elle le plus exact programme pour gouverner ces indispensables collaborateurs de notre race sous les feux tropicaux.

C'est ce qu'on fait au Congo pour l'armée coloniale; les simples soldats noirs sont commandés par des officiers européens. C'est ce qu'avaient fait les Arabes dans le Manyéma ; envahisseurs en petit nombre, ils dominaient la population nègre et, devançant l'Etat Indépendant, l'avaient dressée à ces belles cultures que le professeur Laurent a admirées et dont l'expédition Dhanis les a expulsés.

Free-Town, où depuis si longtemps a eu lieu le contact, en est un exemple. Des milliers de noirs y vivent. Et rien qu'une poignée de blancs. La ville est calme, laborieuse, heureuse! N'est-elle pas une vision de ce que seront plus tard les cités congolaises? Car, il est à prévoir que le rêve d'émigrations européennes nombreuses en ces régions torrides et anémiantes ne se réalisera jamais. Le Congo brûlant et malsain ne sera jamais, jamais, jamais une colonie de peuplement! Dès lors, n'y verra-t-on pas, comme ici, les noirs apprivoisés vivre en auxiliaires disciplinés et intelligents dans le domaine restreint ouvert à leur intelligence, dirigés par un état-major de blancs, peut-être un ou deux par mille? Ne verra-t-on pas, dans les rues de Boma ou de Luluabourg, comme ici, les grandes négresses aux pieds plats, aux fortes hanches, à la membrure massive, s'affubler de robes et de jupons, de bottines à hauts talons, de coiffures empanachées, et pour ces atours multicolores et bourgeois qui les transforment en grosses cabaretières, abandonner la belle nudité d'airain de leurs épaules et de leurs bras, la belle draperie simple dont elles s'enveloppent à la romaine? Et ainsi « on fera aller » l'industrie et le commerce belges, par l'exportation des produits et de la laideur. Tantôt, dans une ruelle du quartier du port, une femme à matelots, non encore européanisée, la couleur et le modelé des statues de bronze du musée de Naples, primitive, superbe et demi-nue, dans la pénombre violette d'un seuil, écrépait ses cheveux avec un peigne de bois, et ces crins durs, longs et frisés, ébouriffés autour de la tête, semblaient un feu qui aurait brûlé noir.

De Sierra-Leone à Las Palmas.
La Race noire.
L'arrivée dans la zone tempérée.

Du 11 au 16 octobre.

A Sierra-Leone ont débarqué nos derniers passagers noirs. Le navire s'est ébroué en cheval qui se débarrasse des mouches. Les Kroo-Boys l'ont aussi quitté, ces pauvres diables enrôlés à l'arrivée qui, pour un shilling quotidien, du riz et un morceau de viande salée, ont peiné, jour et nuit, s'esquintant au déchargement, victimes de l'abominable système mercantile qui voit, en l'être humain, un simple moyen, un outil, dont la valeur de conservation est nulle parce qu'il est toujours remplaçable, et non pas une fin en soi. *Business is business!*

Et voici que la demi-solitude du bord s'ajoute à la pleine et majestueuse solitude de la Mer. La surface des eaux est à peine ridée et l'air s'engrise des poussières sahariennes, éternelle diminution du désert inépuisable. Le vent, soufflant de l'arrière, ramène sur le belvédère de la dunette les émanations de la machine, grand corps complexe où les feux accomplissent imperturbablement leur office dévorant. Une chaleur insupportable nous persécute. Toujours la chaleur! Les Congolais eux-mêmes gémissent. Et quoi alors? si, comme se plaisent à le proclamer les plus piaffants d'entr'eux, l'étouffante saison des pluies, là-bas, n'est pas désagréable. Il est, nous dit-on, dangereux de rester sur le pont pendant les nuits insomnieuses, et, dans les cabines, c'est le Hammam prolongé pendant des heures! Je retrouve la hideuse moiteur, collante comme une gomme, m'enveloppant de son maillot de baudruche. Je rêvasse péniblement, tandis que le Steamer va et vibre en lourd cétacé grondant et écumant. Dans ma cervelle anémiée, je pense, avec une tristesse infinie, à une légion de singes et de perroquets qui ont été suffoqués à bord ces jours derniers pour avoir été remisés trop près des conduits de vapeur, et j'hypertrophie aux proportions d'une catastrophe le tableau de leurs petits cadavres, gisant dans les cages où on les ramenait captifs pour de beaux présents aux amis de

Belgique ; des pelottes de plumes couleur de tourterelle, à queue écarlate, avec de petits yeux ronds enchâssés dans une membrane écailleuse; des pelisses de poils noirs ou verdâtres, de ce vert que prend le drap gris devenu pisseux, des visages de petits vieillards endormis en une ultime et pleurarde grimace.

J'ai un livre, épave d'un passager, ami maintenant à Boma. Livre bizarre à bord d'un cargo-boat : *La Psychologie de l'Evolution des Peuples*, par le docteur Gustave Lebon. Je le parcours nonchalamment. J'y découvre des passages qui, imprévu superstitieux, coïncident avec mes préoccupations présentes. Quel bizarre serviteur est parfois le Hasard, lui qui d'ordinaire ne s'entend qu'à son métier de Dérangeur.

« Les races primitives sont celles chez lesquelles on ne trouve aucune trace de culture..., tels sont les Fuégiens et les Australiens. Au-dessus des races primitives se trouvent les races inférieures, représentées surtout par les nègres. Elles sont capables de rudiments de civilisation, mais de rudiments seulement. Elles n'ont jamais pu dépasser des formes de civilisation tout à fait barbares, alors même que le hasard les a fait hériter, comme à Saint-Domingue, de civilisations supérieures. »

« Chez les êtres inférieurs, on constate un don d'attention et de réflexion très minime, un esprit d'imitation très grand... »

« Tout ce qu'on peut demander à un gouvernement, c'est d'être l'expression des sentiments et des idées du peuple qu'il est appelé à régir... C'est là ce qu'ignorent malheureusement les hommes d'Etat qui se figurent qu'un gouvernement est chose d'exportation et que des colonies peuvent être gouvernées avec les institutions d'une métropole. Autant vaudrait tâcher de persuader aux poissons de vivre dans l'air, sous prétexte que la respiration est pratiquée par tous les animaux supérieurs... »

« Les grands empires contenant des peuples divers ont toujours été condamnés à une existence éphémère. Lorsqu'ils ont eu quelque durée, comme celui des Mogols, puis des Anglais dans l'Inde, c'est... parce que ces maîtres étrangers ont eu un instinct politique assez sûr pour respecter les coutumes des peuples conquis et les laisser vivre sous leurs propres lois... »

A bon entendeur, salut! Certes, il est au Congo des coutumes affreuses : l'empoisonnement par la kasse, la vente des esclaves comme viande de boucherie, l'anthropophagie, le massacre sur la tombe des chefs ou des hommes libres auquel correspondait, dans l'Hindoustan, le brûlement de l'épouse sur le bûcher mortuaire du mari. Aucune raison politique ne saurait tolérer ces pratiques sanguinaires auxquelles les indigènes tiennent avec l'acharnement conservateur qui est la sauvegarde de toutes les institutions fondées sur un lointain atavisme et dont les peuples européens offrent tant d'exemples dans des ordres d'idées moins abominables. Mais pour ce qui est acceptable quoique barbare, quel péril il y aurait à bouleverser les mœurs natives! quel péril à croire qu'au point de vue psychique, plus qu'au point de vue de la peau, un nègre est transformable en blanc! Qu'on laisse ces illusions aux âmes sensibles, mais bornées, qui élèvent en Belgique des négrillons dans l'espoir saugrenu d'en faire des civilisés et de bons chrétiens. De bons chrétiens! L'exemple de la noire miss Silina Macaulay, décorant ingénument son établissement hospitalier à Sierra-Leone d'images pieuses, montre jusqu'où pénètrent en ces idiosyncrasies primitives les grandes conceptions du Catholicisme et « les convenances » observées en Europe, même par les dignes matrones vouées à son intéressante profession.

Mais si le Noir n'est pas assimilable au Blanc, ce n'est pas une raison pour le traiter en bétail comme y est enclin l'Européen arrivant au Congo. Energie et douceur, *Fortiter et Suaviter,* devrait être la règle. Les colons bien équilibrés que j'ai rencontrés sont unanimes à ce sujet. Le nègre en faute admet le châtiment et il y aurait danger à lui laisser espérer l'impunité ; son intellectualité étroite et molle irait vite à l'absolue indiscipline. Mais, si on ne peut dire qu'il connaît la reconnaissance durable, il obéit volontiers et marque de l'affection à qui le traite avec une bienveillance ferme et familière. Un mien neveu, agent principal de la S. A. B., dans le Kassaï, en est un exemple péremptoire. De nature rustique et originale, poussant les choses à un degré certes difficile à exiger de tout le monde, il s'est mis à vivre de la vie des indigènes, logeant dans leurs paillotes, mangeant leur nourriture, y compris les chenilles frites et les sauterelles rôties, s'asseyant à leurs feux, baragouinant leur langue, revêtant même le pagne, m'a-t-on assuré. Nul blanc ne jouit de sa popularité sur les rives du Kassaï et du Sankourou. Quand il passe en pirogue et qu'on le reconnaît de la rive, on l'acclame. Il obtient des natifs tout ce qu'il veut. Il voyage sans escorte et sans vivres, assuré de trouver partout une hospitalité primitive mais cordiale. Suivant la coutume de surnommer tous les blancs, on l'appelle Tchibouille, le voyageur, ou N'Gandou Mounéné, le grand crocodile, cet animal étant considéré comme le voyageur par excellence.

L'Etat Indépendant est sévère pour ceux qui maltraitent les noirs ; on se plaint même de l'intervention trop fréquente et trop dure de la justice à leur profit. Les juges y prennent le rôle de « tuteurs des nègres ». Ce qui n'empêche pas les exécutions militaires, parfois féroces, contre les villages qui se font prier pour fournir les porteurs, les recrues, les travailleurs, le caoutchouc ou l'ivoire. Au marché de Tumba, j'avais remarqué un soldat noir qui prétendait imposer à un paysan à tête crépue la vente d'une poule moyennant un lambeau d'étoffe que le rustique rejetait avec mépris : il se mit à le bâtonner d'une canne, grande comme une pertuisane et ornée de clous de cuivre. Quelques instants après, le même gardien de l'ordre bâtonnait avec un égal entrain une femme qui se refusait à lui laisser enlever du pain de manioc pour un autre chiffon. Rencontrant le Commandant du poste, je lui fis part du double incident qui m'avait indigné, quoique la foule environnante y fût restée indifférente absolument. — Attendez, me dit-il, — et retrouvant le brutal, il lui arracha sa pompeuse canne, la cassa, et le fit empoigner, avec ordre de lui administrer une raisonnable volée de coups de chicotte, la dure et cinglante lanière de peau d'hippopotame.

Si vraiment le nègre doit devenir le collaborateur du blanc, il faut qu'il croie en sa justice. Jusqu'ici il croit plutôt à sa cruauté et à son immoralité.

Nous passons au large du banc d'Arguin, colossal sablon jectisse descendu, au cours des millénaires, du Sahara dans l'Atlantique au large sein où il fait à peine une boursouflure. Là, en 1816, échoua, pour nourrir la mémoire des peuples d'une nouvelle et pathétique légende, la frégate *la Méduse*, que les vents et le courant renflouèrent quand les hommes l'eurent quittée, et que, par une ironie contraire mais égale à celle du naufrage, ils promenèrent treize jours sur l'Océan libre, en capture triomphale. Plus qu'un phare l'événement lugubre et son émoi indestructible signalent désormais l'écueil et en écartent le navigateur.

Durant quelques heures, un jet de froid est venu nous atteindre. On eût dit que les doigts invisibles qui manient les météores entr'ouvraient les portes du Nord et voulaient nous annoncer que nous approchions du Septentrion. Le soir, nous ne cherchons plus la Croix du Sud dans le ciel méridional, moins riche en constellations superbes que le nôtre. La sublime Grande Ourse, et ses sept flambeaux, va reparaître! Nous allons revoir les étoiles splendides et familières qui furent les compagnes muettes et mystérieuses de notre vie depuis l'enfance.

Mais les mains invisibles referment les lourds battants et nous voici, par un temps de fête et d'harmonie, un temps qui devrait toujours régner sur la terre, si la terre était faite pour nous, voguant vers les Iles Fortunées, dont déjà le décor garnit le lointain horizon de délinéaments légers, de paysages translucides et pâles comme ceux de la pleine lune. La gamme délicieuse des bleus légers et des gris colombins résonne en sourdine dans la tendre atmosphère, au-dessus des vagues qui ont la paresseuse lourdeur, le luisant doux, le croulement mou et tremblotant des gelées. Les anges aèrent-ils les matelas du paradis pour la joie des petits enfants et celle de nos regards? Des touffes d'ouate, divinement blanches, frangées d'argent, sont éparpillées dans les étendues prairiales du firmament paisible. Notre avancée est majestueuse et orchestrale comme celle du vaisseau fabuleux portant les destinées magiques d'Yseult et de Tristan. Oh! pénétrante puissance du génie, devinant à ce point les souterraines sonorités qui reposent en nous, qu'elle sait, une fois pour toutes, trouver les expressions d'art invinciblement rejaillissantes en accompagnement de la Nature, quand il nous est donné de devenir les spectateurs d'une des grandes mises en scène qu'elle monte, avec une libéralité inépuisable, pour des âmes dont la plupart ne regardent même pas! Ah! si je pouvais, par l'incantation des mots, inspirer à un plus grand nombre le besoin et l'aptitude de comprendre, aimer et jouir de ces beautés!

Cependant, la Grande Canarie, vue par le Sud, grandit, s'élargit, se précise, et, coupée au bas par la ligne géométrique des flots qui lui font un piédestal de lapis-lazuli, burine dans les cieux le trait net et noble de ses crêtes et ouvre sur les versants les fractures de ses escarpements pareilles aux crevasses d'un fruit mûr. Puis, derrière un promontoire, encore hors d'atteinte, les blanches demeures de Las Palmas, étendues sur le rivage comme du linge séchant au soleil. Infatigablement, l'hélice tourne vrillant vers le but. Les maisons plates, qu'on croirait amputées de leurs toits, accusent leurs reliefs : pittoresque étalage qui me semble plus beau au retour. Je cherche les lieux visités à mon précédent passage, déjà au musée des souvenirs. Voici les deux tours de la cathédrale, la hampe de drapeau en paratonnerre qui désigne une maison amie, le vallon à la montée contournante, déchirure des monts arides, où deux petits chevaux du pays entraînèrent la voiture où j'étais. Voici la route poussiéreuse longeant le rivage, voici le port encharbonné protégé par la dent pointue de son môle.

J'ai passé la nuit à terre : on embarque du combustible et la grinçante horlogerie des treuils va claqueter dix heures durant. Nous allons, quelques-uns, prendre gîte dans un grand hôtel anglais, en tous points identique aux trente-six mille hôtels anglais qui grèvent la surface du monde, aussi semblables les uns aux autres par leurs us et coutumes de chic bourgeois et matériellement confortable, que les bornes milliaires ou les poteaux télégraphiques; caravansérails où la discipline mondaine et niaise des touristes oblige à adopter pour le dîner l'uniforme des garçons de table. Rien ne manque : ni le Hall classique, ni les rocking-chairs, ni les gravures (sur acier!) chargées de représenter les scènes de chasse, de chiens, de chevaux, de babies jouant avec des chats, délices de la distinction conventionnelle et du sentimentalisme de confiseur en lesquels se complaît l'âme de cette caste de marchands égoïstes. Nous dormons mal... puisque notre programme était de dormir bien. Le lendemain, dès l'aube, au marché, nous nous gorgeons de raisins, de figues, de pommes. Quel régal! Au Congo, les papaïes, les corossols, les avokas, les ananas sauvages, les farineuses et parfumées bananes, les marakoujas, les mangues au léger goût de térébenthine, c'est « valuable ». Mais, quand il s'agit des fruits européens, des pêches, des fraises, des poires, des cerises, de toute la série des exquisités de nos terres savantes en pomologie, il faut, ô mesdemoiselles, vous retirer comme des négresses devant des blanches.

De Las Palmas à Anvers. — Branle-bas du retour. — Le Domaine privé et la Reprise du Congo par la Belgique. — Le roulis. — La mort à bord. — Le sort du Blanc au Congo. — Les dernières heures.

Du 16 au 25 octobre.

Le voici quitté à son tour ce coin curieux d'Espagne, ce premier morceau d'Europe, perdu dans l'Atlantique comme si quelque Titan en goguette, assis, les pieds baignant dans l'eau, sur les quais de Cadix, détachant un bloc de la vieille cité aux nombreux miradors, l'avait jeté par-dessus l'horizon.

Maintenant c'est le définitif retour, le dernier acte : dans neuf jours nous serons « rendus », suivant l'expression qui est l'*Ite missa est* des voyages nautiques.

Et tout l'annonce cette approche du dénoûment, la Nature et les hommes ! Des journaux belges reçus à « Gran-Canarie » circulent à bord, infiltrations du lointain qui exerce sur nous sa succion, et j'entends des mots bizarres tels que Schaerbeek, Elections de Tournai, Conseil provincial, rentrée des Chambres! Les passagers ont revêtu des chemises et des vestons inaccoutumés! On ne fuit plus le soleil, on ne joue plus à cache-cache avec son disque fulgurant. Les couvre-chefs de forme tropicale, défenses contre la perfidie des insolations, chapeaux de feutre gris superposés, chapeaux de paille doubles recouverts de coiffes blanches, casques à la Stanley, ont disparu. Seules quelques casquettes prussiennes, aux galons d'or officiels de l'Etat Indépendant, rappellent le Congo qui s'efface, ces galons fameux et ces ganzes, allant, en marquant les grades de tous les fonctionnaires comme en Russie, par une hiérarchie savante, du menu galon isolé jusqu'à l'impressionnante quadruple ganze rutilante, faisant, là-bas, la joie et l'orgueil des uns, l'envie et le désespoir des autres; ces galons que les nègres admirent et qui leur inspirent une craintive et sainte obéissance; ces galons qui, avec les uniformes, les casques blancs blasonnés de larges plaques dorées, et le jeu des décorations congolaises, des étoiles de service au ruban bleu strié d'autant de raies blanches qu'on a fait de termes en Afrique, donnent une si nette allure de monarchie et de cour au personnel de l'Etat.

Un bruit de gens qui reprennent leur vestiaire bourdonne. Et sur le steamer, qu'il s'agit, pour l'arrivée à Anvers, de rendre propre et net comme un yacht de plaisance afin de « séductionner » les multitudes, on remet les tapis dont on nous a sevrés dès que nous avons pris la mer, on enlève les housses, on délivre de sa moustiquaire le portrait du Souverain du Congo qui a donné son nom au navire. Et l'on gratte, et l'on brique ! On lave, on frotte, on peinturlure, on astique. Tout l'équipage y vaque, et les officiers aussi. Il est fini le joli périlleux métier de marin que l'on menait jadis sur les voiliers, les beaux voiliers à traits carrés, quand j'étais mousse à bord du *Vasco de Gama* ou novice sur la *Concordia* et l'*Aimée-Victoire*, et que l'on gymnastiquait dans la mâture, jour et nuit, bon ou mauvais temps. Plus rien de ça sur un vapeur ! Le matelot y est devenu frotteur. Et, en effet, autour de nous, on frotte, on lave, on gratte, on brique, on astique, on peinturlure à mort !

Que le Steamer soit beau, beau, beau, à faire rêver du Bonheur :

Le vois-tu bien là-bas, là-bas,
Là-bas, là-bas sur un navire !
L'arc-en-ciel brille entre ses mâts,
Toutes les mers vont lui sourire.
Comme on est bien sur un navire !
Vite, courons, doublons le pas
Pour le trouver là-bas, là-bas,
Là-bas ! Là-bas !

Un compagnon dont la jaquette vient de s'approprier une coulée du térébenthineux enduit, me dit : — Ils ont tout verni, sauf le cochon. — C'est une petite truie noire et ladre, mise à bord à Matadi, baptisée Antoinette puisque saint Antoine... et qui a été promue au rang de mascotte du navire, ce qui préserve provisoirement ses jours ; d'ordinaire, c'est un bouc qui remplit cet office, par ses cornes, l'antique symbole préservateur du mauvais œil. Et, de fait, tout va à souhait. Notre « temps de demoiselles » persiste ; on relève quotidiennement des totaux de milles remarquables ; les vents, contrairement à l'habitude de la traversée de retour, nous aident. Et surtout la santé de notre « relève », des quarante-quatre rapatriés, après une courte giboulée de fièvres, est bonne. N'aurions-nous pas de morts en cours de route? Ce serait rare. On en égrène invariablement quelques-uns, comme des sacrifices aux avides divinités marines, spécialement pendant les intolérables escales aux lieux les plus mal famés de la côte d'Afrique, à Lagos, aux bouches du Niger, à Forcados, à Elmina. Car, par une de ces attentions familières aux *business-men,* les navires qui devraient ramener au plus tôt dans la patrie et au foyer les victimes de la F. D. H., de ces Parques trilogiques, plus féroces que Clotho, Lachésis, Atropos : la Fièvre, la Dysenterie, l'Hématurie, les navires, qui devraient être des steamers *blancs* comme les trains blancs transportant les malades et les infirmes à Lourdes, sont autorisés à courir les ports de la sinistre côte d'Afrique et à s'y attarder dans la fournaise des mouillages pour faire la cueillette du cargo! Le cargo, le cargo, voilà la grosse affaire! Auprès de cela un malheureux Congolais qui crève ne vaut qu'un *Never mind!* ou, tout au plus, un *Poor fellow!*

Tandis que (après ces trois mois d'un rude voyage, certes, mais aussi de rupture savoureuse avec les ennuis, les soucis, les servitudes de l'existence coutumière) je rêve aux coursiers, déjà bridés, sellés et hennissants, qu'il me faudra de nouveau enfourcher et galoper au retour pour les inévitables combats; tandis que je rêve, avec un regret de ne pouvoir continuer cette vacance qui fut si vagabonde, avec un regret planant, plaintif et vague au-dessus du fort désir, du besoin de retrouver qui j'aime et qui dit m'aimer, — autour de nous la Nature impassible change lentement le décor des latitudes, gonfle les vagues dans le pourtour géant de la mer, au souffle continu et puissant des vents septentrionaux, et amoncelle au ciel les montagneux nuages, gloire et beauté de nos horizons du Nord. Ah! qu'ils s'adoucissent déjà, dans mon souvenir, les durs et brûlants équatoriaux paysages! Combien je les trouve plus supportables maintenant que partout règne la vivifiante fraîcheur et que la peau sèche semble un tissu, souple et serré, soutenant et invigorant les muscles au lieu d'un linge mouillé empesté de suint! Comme les misères subies là-bas fondent et s'atténuent, dissoutes par le lointain, et comme je m'explique mieux le mirage dont sont le jouet ces Congolais qui, revenus et grelottants sous nos froids hivernaux, songent de nouveau d'Afrique et de soleil et ont la nostalgie de ce qui les a fait souffrir. Vraiment, pour ne tromper personne, il faudrait montrer dans une étuve les photographies du Congo, ces œuvres du plus menteur, du plus « à côté » des procédés de reproduction, par lesquelles on prétend initier nos compatriotes aux sites de la colonie; ils sauraient dans quelle température baignent ces prétendus enchantements. J'en ai vu tout à l'heure qui feraient croire que Matadi est un Eden!

Et je suis ramené à penser encore à cette obsédante contrée dont le mystère et l'inquiétude tintent incessamment. Je refais l'inventaire de mes souvenirs avec le sentiment que tout cela ne peut se réduire à n'avoir été pour moi qu'une simple distraction; qu'on me demandera compte de plus près de cette équipée et qu'il me faudra formuler un jugement. Pourrai-je faire plus, pourtant, que d'apporter des impressions personnelles et sincères en contribution à l'amas montant des impressions de tant d'autres qui en sont revenus? Chacun fait-il plus que de jeter un petit lot sur le tas? Ah! si, comme je le demandai jadis en Belgique, au lieu de ce fourmillement de racontars se battant et se dévorant entre eux pareils aux soldats de Cadmus, on ouvrait à l'étude les archives où, depuis des années, s'accumulent à Bruxelles, les rapports et les correspondances innombrables, écrits par des agents si divers, en des lieux si variés! Mais le secret et le silence, utiles peut-être au début, alors que tant de brutalités furent nécessaires, restent la loi de cette politique, impassible en son obstination, dont il ne jaillit quelque clarté, toujours douteuse, qu'au frottement d'une critique ou d'une révélation plus instante ou plus âpre. Même là-bas, en plein champ clos, au milieu des acteurs, que de contradictions et d'ignorance, quelle difficulté, souvent quelle impossibilité de savoir, quel parti pris, quelle cécité dans le dénigrement ou dans l'éloge! N'en eus-je pas un mémorable exemple à propos de ce fameux « Domaine privé », de ce D. P., comme disent les bouches congolanes enclines à diminuer même les fatigues légères de l'articulation?

J'avais été frappé, dès mes premiers pas sur le sol congolais, des assimilations que les factoriens faisaient, pour certaines choses, entre eux et l'Etat, et de leurs récriminations au sujet de sa concurrence. Un Anglais, au cours d'une discussion à ce sujet, m'avait dit Oui, Monsieur, votre Roi est le plus grand marchand d'ivoire et de caoutchouc du monde (Yes, sir, your King is the biggest ivory an caoutchouc merchant in the world !) — Sur la route des caravanes et dans les entrepôts du chemin de fer à Tumba et à Matadi, demandant ce qu'étaient tant de « charges » de ces marchandises que je voyais passer ou être entassées, on me répondait : Pour le D. P. — N'avons-nous pas à bord, au su de tous, environ cent quatre-vingts tonnes de caoutchouc et quelques tonnes d'ivoire valant plus d'un million? Les autres steamers n'en emportent-ils pas à chaque mensuel voyage? Or, un « tract » lancé par les partisans de l'œuvre africaine, lorsqu'il était question de la Reprise, sous le titre trompeur et alléchant *Le Congo Minotaure par un Ecœuré*, fixe la valeur pour le caoutchouc à un minimum de 5,000 francs et à un maximum de 8,200 francs la tonne, et à 20,000 francs pour l'ivoire. — Ce D. P., ce D. P. dont on parle tant, quel est-il et que fait-il?

Je suppose un esprit impartial résumant et coordonnant tous les bruits qui courent à ce sujet et qui là-bas bruissaient autour de moi : voici comment il parlerait :

« Les territoires de la partie qui passe pour la meilleure de l'Etat du Congo, le Haut, peuvent être divisés en trois groupes, ainsi que l'a dit le professeur Emile Laurent : la

Brousse, la Forêt équatoriale, les Herbes. Qui visite le bas Congo y trouve, quoi qu'on en dise, de complets échantillons de chacune de ces catégories et peut se faire une bonne idée de l'Empire : pour les herbes, l'île de Matèbe; pour la forêt, le Mayombe, prolongement méridional des bois du Gabon; pour la brousse, les plateaux de Matadi à Kinshasa le long du chemin de fer. Elargissez ces fragments à des proportions gigantesques, et vous connaissez le Congo entier, malgré les contestations des revenants du Haut, enclins à croire « qu'ils ont vu ce que d'autres n'ont pas vu ».

» Quant à la production et à l'avenir, tout ce qui est Brousse ne donne que de minces espérances; de la fin d'avril à la mi-octobre, pendant cinq mois et demi, il n'y pleut pas, sécheresse funeste qui a une influence décisive sur les végétations spontanées et les cultures : elle les rend presque impossibles. — Les Herbes peuvent devenir de bonnes exploitations de culture et de bétail, mais pour la consommation sur place. — Seule la Forêt équatoriale est d'un riche rendement immédiat par le caoutchouc qui y foisonne, et d'un riche rendement futur par le café qui peut être cultivé sur les défrichements. C'est une mine de caoutchouc immense, inépuisable, à ciel ouvert. Quant à l'ivoire, on peut dès maintenant le recueillir en des lieux nombreux et divers, soit par la chasse à l'éléphant, soit dans les réserves de pointes formées par les indigènes; mais il est à craindre que cette richesse s'épuise, la traque étant acharnée et détruisant même les petits animaux, comme le prouvent les charges d' « escravelles », défenses ne dépassant pas cinq kilogrammes.

» Or, lors de la conquête par l'Etat Indépendant, toutes les terres vaines et vagues, c'est-à-dire celles que les natifs ne s'étaient pas appropriées en les cultivant autour de leurs villages, sont, en vertu des principes du Droit des Gens actuel, passées à l'Etat, et, en tant qu'il ne leur a pas donné d'application à un service public, ont formé son Domaine privé, son D. P. Léopold II, à raison de la Souveraineté dont tous les attributs et tous les pouvoirs sont réunis dans son chef de monarque absolu, en a seul la disposition et la jouissance au gré de sa volonté et de ses besoins.

» A la suite de « palabres » (de discussions) avec les Sociétés qui s'étaient imaginé pouvoir exploiter librement les richesses naturelles du Congo et qui s'étaient heurtées aux droits du

D. P., le Souverain du Congo a fait la part du feu en leur concédant la défructuation et le parcours sur une partie de ses terres, notamment dans les districts du Kassaï et de l'Equateur, se réservant le surplus, entre autres, les districts du lac Léopold II et du Bangala, ainsi que la fertile zone arabe. Il retirait de ces territoires des tributs, des redevances en nature qui figurent aux recettes de ses Budgets, quand, soit pour faire face à certaines dépenses, soit par le désir de rentrer dans celles, très considérables, qu'il avait faites au moyen de ses ressources personnelles pour la fondation et l'organisation de l'Etat, il se décida à devenir lui-même factorien, coureur de négoce, à l'instar des compagnies, et à récolter sur son domaine le caoutchouc et l'ivoire.

» Ce système qui, actuellement, fonctionne en des proportions formidables, put être établi sans grandes difficultés grâce aux postes disséminés de l'Etat, à l'autorité que le nom du « Boula-Matari » exerce sur les indigènes et à la force publique dont il dispose. Ces facteurs le plaçaient, pour le recrutement des cueilleurs de caoutchouc et l'obtention de l'ivoire, dans des conditions dominantes. Aussi les résultats ont-ils été magnifiques et ne ferontls que s'accentuer. Ils sont l'explication des [uantités considérables de marchandises qu'on ıchemine vers l'Europe pour le D. P. et qui, lès à présent, doivent donner un revenu ınnuel de plusieurs millions, indépendamment de la somme relativement peu élevée qui figure comme ressource budgétaire. D'après toutes les vraisemblances, ce revenu augmentera encore après l'achèvement du chemin de fer : on dit que des stocks considérables sont amassés, entre autres, à Léopoldville. C'est peut-être l'explication de la facilité avec laquelle fut retiré le projet de reprise de la colonie par la Belgique et du bruit qui s'accrédite que le Roi s'accommodera sans trop de regret d'une situation analogue en 1900.

» Seulement, cette entreprise commerciale n'a pas fonctionné sans quelques abus. Les agents de l'Etat chargés de surveiller et de recueillir les produits, chacun autour du poste qu'il occupe, ont été intéressés à cette « affaire », sinon par des commissions directes, au moins par des gratifications en rapport avec les résultats obtenus. Le contrôle se fait au moyen de marques particulières apposées sur leurs envois. Ils ont été entraînés ainsi à tendre la corde outre mesure dans leurs rapports avec les indigènes, à exiger des apports excessifs, et, en cas de refus et de résistance, à user de la force dans des conditions dont les échos sont parfois arrivés en Europe, ont ému l'opinion publique et fait dire que si le Congo est un pays d'échange, c'est un échange de marchandises et un échange de coups de fusil : villages brûlés, mutilation des noirs, membres coupés, dispersion, violences sur les personnes ; non pas qu'ils aient toujours ordonné eux-mêmes ces cruautés, mais parce qu'il était impossible qu'elles ne se commissent pas, étant donnés les auxiliaires barbares employés pour dompter les récalcitrants. L'armée est composée de nègres, anthropophages par atavisme, dirigés par quelques blancs, et, quand ils sont en campagne, leur férocité reparaît comme celle des chiens de meute à la curée.

» Dans les questions du travail, du portage, des salaires, du transport par steamer ou par la voie ferrée, le Domaine privé obtient, naturellement, toutes les préférences, ainsi que les sociétés pour lesquelles il a une prédilection et qui couvrent peut-être en partie des intérêts qui lui sont propres. De là les récriminations des factoriens qui ont à lutter si inégalement contre ce concurrent redoutable à la fois Etat et Négociant. »

Il faut reconnaître que ces données méritent un examen fort attentif. Ici, comme pour d'autres obscurités de ce continent noir, qui est souvent le pot au noir, il serait facile de tout éclaircir en permettant l'accès aux archives du Domaine privé, puisque, malgré son qualificatif, il fait, au même titre que la forêt de Soignes, la forêt de Saint-Hubert ou la forêt d'Anlier chez nous, partie des intérêts « de l'État » Congolais et que le mot « privé » n'est qu'une manière de parler. Mais on ne peut guère espérer qu'en ceci l'habituelle dissimulation qui a été adoptée comme la meilleure des politiques, fasse place à une sincère et complète divulgation appuyée de la mise en lumière de tous les documents et de tous les chiffres.

Que l'on considère pourtant l'importance de cette question au point de vue de la Reprise par la Belgique. Certes, cette reprise est dans le courant historique qui entraîne irrésistiblement les nations de race Européo-Américaine à occuper la terre entière soit à la place, soit à côté des populations de race primitive, inférieure ou moyenne, par des colonies de peuplement, d'exploitation ou d'extermination, car c'est un rêve de croire qu'en cela on fait ce qu'on veut. Certes, elle est conseillée par l'intérêt moral et de dignité qu'a un peuple à ne pas reculer au risque de son honneur, devant les difficultés et les charges d'une mission en accord avec les destinées fatales du groupe ethnique auquel il appartient. Certes, la possession d'une grande et fertile colonie, fût-elle malsaine, peut avoir une influence heureuse sur la prospérité et sur les âmes, et l'existence, aujourd'hui indiscutée, dans l'Etat Indépendant, de la plus vaste et de la plus belle portion de la grande forêt équatoriale africaine, encaoutchoutée à miracle, présente ce caractère. Certes, encore, si l'ère des guerres avec les populations noires de l'intérieur, ou avec les Arabes du Soudan ne peut être considérée comme complètement close, la vraisemblance est qu'elle se bornera désormais à des escarmouches de frontières, à moins d'entreprises par trop ambitieuses. Mais il n'en est pas moins certain que la question des dépenses budgétaires annuelles que nécessitera le Congo a été et demeurera le point capital auquel s'arrêtera en Belgique l'opinion qui n'entend pas grever le pays d'un déficit colonial permanent, alors que chez nous il y a tant à faire. C'est ce que le bon sens populaire a résumé en cette formule : Avant de civiliser les nègres, civilisez les blancs.

Or, sous ce rapport, le passé du Congo n'est pas rassurant, puisque l'on en est déjà à un débours de cinquante-sept millions et que, d'autre part, le budget congolais grossit incessamment et reste en déficit constant. Celui de 1896 prévoit en dépenses plus de huit millions et en recettes sept millions seulement, y compris les deux millions fournis par le Trésor belge et le million que verse le Roi, ce qui réduit les produits budgétaires réels de la colonie à quatre millions et porte le déficit à un chiffre égal!

Cette situation désastreuse serait au moins équilibrée si, comme le bruit en court là-bas avec persistance, le D. P. donne au Souverain, en tant que « marchand de caoutchouc et d'ivoire », les bénéfices que l'on annonce ; si, au moment de la Reprise, cette situation du D. P. existait toujours, et si le D. P. était transmis à la Belgique avec le reste. L'attention publique doit donc être attirée obstinément de ce côté.

Car rien ne garantit que des combinaisons financières, des concessions à des sociétés masquant des intérêts personnels, la mise en œuvre des procédés familiers aux roués de la finance, n'arrivent, dans les années qui nous séparent du vote soit sur la Reprise, soit sur l'acceptation du Testament royal, à faire disparaître du patrimoine de l'Etat la meilleure partie du D. P., de telle sorte que la Belgique, en acquérant le Congo et ses charges, jouerait ce rôle de dupe : pourvoir à toutes les dépenses et à toute l'administration de la colonie, en être le gardien et le veilleur de nuit, au profit d'aigrefins qui en auraient tout l'émolument.

Ce qui serait assez amusant, c'est que le Roi parviendrait à rentrer dans ces avances tandis que la Belgique en serait pour les siennes. Le fonctionnement du D. P., tel qu'il est actuellement organisé, peut amener ce résultat imprévu. Le Souverain, discrètement et sans bruit, encaisse le prix des réalisations de ses récoltes sur les marchés d'Europe ; il en lâche un million qui figure au budget à côté des deux que verse bénévolement notre Trésor. Mais nous ne touchons aucune contrepartie, tandis que notre partenaire fait là-bas des rafles auprès desquelles celles des Arabes n'étaient que des vétilles; les procédés diffèrent, il est vrai; on n'a pas érigé la cruauté et le pillage en système ; mais comme conséquences pécuniaires l'organisme est d'une efficacité supérieure et Tippo-Tib est distancé.

Alors que l'on a proclamé à satiété que

l'Etat Indépendant est largement ouvert à tout le monde et qu'il sera un débouché pour les activités commerciales et industrielles à l'étroit chez nous, certaines sociétés, ayant plus ou moins des attaches officielles, agissent comme si elles voulaient le fermer à tout autre qu'elles et s'en faire un monopole. Il est des matadors qui disent : Mon Congo ! Les contrats des employés portent des clauses par lesquelles ils s'engagent, sous des pénalités mongoliques : « A ne fournir à qui que ce soit des renseignements commerciaux ou miniers sur les territoires de l'Etat indépendant du Congo, et à ne donner aux personnes avec lesquelles ils se trouvent ou se trouveront en relations aucun renseignement concernant les affaires des sociétés ou qui pourrait causer préjudice à celles-ci ou aider la concurrence ; à ne faire le commerce ni pour leur compte ni pour le compte de tiers étrangers ou non aux sociétés et à ne s'intéresser directement ni indirectement à aucune autre entreprise commerciale ayant le Congo pour but ; à n'accepter de n'importe quelle personne, en dehors de la direction en Europe ou en Afrique, une rémunération ou rétribution, à quelque titre que ce soit ; à n'entrer au service d'aucune autre société commerciale, au Congo, pendant un terme de cinq ans après que le contrat aura pris fin. » De telle sorte que ces ingénus qui vont, au risque de leur vie ou de leur santé, apprendre un métier nouveau dans un pays meurtrier, le plus souvent pour un salaire dérisoire, sont exposés ou à subir ce salaire *ad infinitum* ou à abandonner leur profession.

Alors que l'on crie sur tous les tons, qu'au Congo, la santé dépend en grande partie de l'alimentation et que le chemin de fer facilitera l'arrivée des vivres, le tarif en vigueur pour les cent quatre-vingts kilomètres en exploitation de Matadi à Tumba, taxe tous les transports à la montée à 4,680 francs le wagon de dix tonnes, ce qui fera 10,000 francs jusque Léopoldville si on maintient les mêmes proportions ; c'est-à-dire que les aliments et les boissons, si nécessaires pour rendre la vie tropicale moins déprimante, circuleront, il est vrai, plus vite que du temps du portage à tête d'hommes par la route des caravanes, mais que les frais ne seront pas beaucoup moins élevés et leur coût au delà du Pool, dans le Haut, presque aussi exorbitant.

Dans le même ordre d'idées, le voyage en chemin de fer d'un « pionnier » désireux de se rendre compte par lui-même de la possibilité de s'établir dans le Haut, coûte actuellement, s'il reste en route plus de quatre jours pour l'aller et le retour (ce qui est inévitable), environ 500 francs de Matadi à Tumba, avec 100 kilogrammes de bagages, ce qui correspond à 1,000 francs jusqu'à Léopoldville ; or, comme le passage d'Europe en Afrique, aller et retour, coûte 1,600 francs sans les accessoires obligés, on comprendra que tout explorateur, à moins de s'en fier aux boniments souvent charlatanesques des publications attitrées, doit commencer par faire un débours, y compris les frais de séjour et autres, de 3,500 francs au moins, rien que pour avoir le droit d'entrer dans le bienheureux Congo, et de le regarder des hauteurs qui dominent le Pool, comme Moïse regarda la terre de Chanaan du sommet du mont Nébo. La descente des marchandises, produits des exploitations qui sont dès à présent aux mains des sociétés ou du D. P., est, par contre, tarifée à des prix raisonnables et variant suivant leur nature.

Les sociétés autres que celles qui sont dans les bonnes grâces des dirigeants se sont plaintes à différentes reprises des difficultés et des obstacles qui leur étaient suscités, preuve nouvelle de la tendance de faire du Congo un parc clôturé, réservé à quelques privilégiés, autour duquel la Belgique ferait, à ses frais, sentinelle.

Il y a là au moins les apparences d'un prohibitionnisme indirect, d'une reconstitution sournoise du monopole des anciennes compagnies des Indes, des compagnies à Chartes, d'une sorte de complot pour décourager l'initiative de nos compatriotes résolus à ne pas reculer devant les dangers du climat congolais. Il faut ajouter que les Portugais, les Hollandais, les Anglais (et même quelques Français), ont déjà largement pris pied dans la colonie, que leurs factoreries et leurs établissements de commerce abondent, que des missionnaires insinuants et des agents actifs préparent le terrain, que ce sont des nations dès longtemps habituées aux entreprises coloniales, et que, par conséquent, il y a lieu de craindre qu'elles ne nous supplantent sinon entièrement, au moins dans une large mesure. On assure que des intérêts français sont amplement engagés dans le chemin de fer.

On pressent les suites : parfaitement organisé et dirigé administrativement, on ne saurait le nier ; s'améliorant à cet égard d'année en année ; ayant une force publique et une judicature garantissant la sécurité des résidents et du commerce ; subissant à ces fins un budget onéreux, le Congo-Etat jouerait le rôle du pigeon qu'on plume, dans la vaste comédie capitaliste dont le réseau serait parvenu à le couvrir comme déja il couvre de ses mailles serrées l'Europe. La Belgique payerait, ses fils s'épuiseraient ou mourraient là-bas, et l'inévitable bande des *business-men* encaisserait les profits. Déjà le juif est dans l'affaire en Belgique, ne se contentant pas d'avantages matériels, mais voulant en outre les bons postes et les honneurs, poussant ses créatures et guettant les occasions ; et au Congo aussi il entre dans le bal, aux endroits fructueux, bienveillant et serviable au point qu'il prête aux agents de l'Etat, sur leurs appointements, à raison de 55 francs pour 50 trimestriellement, soit à quarante pour cent.

— Mais qu'importe cette question de budget en déficit, diront les optimistes, si la richesse publique est augmentée? Que fait au contribuable de payer comme administré s'il gagne comme citoyen? — Habituel sophisme! Ce n'est pas le même qui payera et le même qui recevra. C'est toujours le même petit qui décaisse et le même gros qui encaisse. C'est toujours l'histoire des gras et des maigres, des exploiteurs et des exploités, des malins et des dupes, des tondeurs et des tondus.

Répétons que cette situation pourrait avoir sa compensation et son correctif si le Domaine privé demeure intact comme source de revenus, si la Belgique l'obtient en même temps que la colonie, si elle peut, elle, application imprévue du Collectivisme d'Etat, se mettre aux lieu et place du Roi-Souverain, et devenir à son tour *the biggest caoutchouc et ivory merchant in the world.*

« *Finish' palabre !* » comme on dit dans le Haut et dans le Bas. Assez de ce discours politico-économico-ennuyeux. Autour de moi la puissante Mer clame incessamment l'insignifiance et la puérilité des ratiocinations humaines, et insinue une honte à qui s'y livre. Elle continue son œuvre cosmique éternelle avec l'aide de son indéfectible complice, le Ciel. Ils ont, tous deux, revêtu les sévères costumes du Septentrion. Le hublot mouvant de ma cabine, braqué sur l'extérieur comme l'oculaire d'un télescope, fait passer devant mes yeux, en fragments circulaires, en tableaux encadrés lumineux, les scènes de leur puissante tragédie, au balancement d'escarpolette du tangage, au balancement de bercau du roulis. Nous sommes par le travers du détroit de Gibraltar, loin au large, la terre invisible.

Une houle atlantique énorme arrive des profondeurs de l'horizon, rang lourd par rang lourd, profonde et bleue, des panaches d'écume fumant aux crêtes, des marbrures blanches serpentant agiles sur les versants. Elle vient, passe, s'éloigne irrésistible toujours du même point vers le même point, inépuisable et formidable, soulevant le steamer sur son large dos comme un hippopotame une mouche et le laissant derrière elle bousculé et chancelant. Au-dessus les nuages, ceux d'Odin et des Walkures, défilent belliqueux en une course précipitée comme s'ils luttaient de vitesse avec les flots, et, parfois, lâchent sur la mer turbulente la bordée d'une averse. Tout est rumeur, lutte, agression, agitation, et, tout petit, rencoigné dans la conscience de n'être rien pour ces gestes souverains des météores, par le hublot je regarde.

Dans le ménage du navire, la vaisselle bouge et tinte comme si une sorcellerie l'avait rendue vivante. Aux tables on a mis le quadrillage « des violons » pour empêcher les débâcles, sous le heurt d'une secousse perfide et violente, des verres, des assiettes et des bouteilles, les inondations de potage et les cataclysmes de sauces. Parfois, tous du même coup, avec des rires de détresse, nous sommes poussés les uns sur les autres, essayant de sauver les plats qui descendent la pente brusquement formée. Dans mon lit je rêve que je suis un rouleau à pâte allant et venant sans trêve sur la planche à pain d'un boulanger infatigable.

Le boy noir qu'un Congolais imprudent ramène, a les yeux inquiets de l'animal à qui le vague instinct révèle qu'il va à l'abattoir. Collé contre les parois de la machine, il essaie de retrouver la cuisson du soleil d'Afrique, délices de sa peau odorante. Que se passe-t-il derrière ce visage consterné et à demi suppliant? Qu'est pour lui cette mer énorme et mugissante dont jadis, en son pays, on croyait que sortaient les blancs, ces fétiches, rois des profondeurs? Qu'est pour lui cette « M'Poutou », cette Europe mystérieuse, vers laquelle on le conduit par ces chemins liquides inconnus, si longs, si froids, si menaçants? Ne serait-il pas vrai, comme il l'a entendu dire, qu'on y dépèce les nègres pour les mettre en « tinnes » et en faire des conserves à la mode congolaise, sauf que chez lui on emplit de chair humaine les petits pots? Regrette-t-il sa chikwangue, pain de manioc, son bacalhao, morue sèche, son lozo, riz manipulé en boulettes grosses comme des œufs, avalées d'un seul coup, la viande faisandée de l'hippopotame, délice de putréfaction dont ses congénères disent à qui les interroge sur ce goût pour les pourritures : Est-ce que nous mangeons l'odeur? Oui, qu'est-ce qui gire en sa cervelle obscure? Peut-être rien que cette pensée, à laquelle l'a habitué l'inépuisable extraordinaire que l'Européen, craint et maudit, apporte avec lui et qui lasse son intellect d'enfant : *Bwalou wa Mundélé*, affaire de blanc !

Et le froid s'est établi. La peau n'est plus un constant désagrément. La lutte contre la chaleur dans laquelle on est toujours vaincu, est finie. Mais ce changement mord sur les corps affaiblis de nos compagnons de route à qui le séjour anémiant du pays terrible a enlevé l'endurance. Les principes morbides se réveillent, l'impaludisme travaille. Partout de nouveau la Fièvre, à l'avant, à l'arrière. Et le Docteur annonce qu'un passager de seconde classe est en danger !

Le pauvre garçon a vingt-deux ans. Il a passé au Congo quatre mois, dans le camp de Zambi. Il a, avant son départ de Belgique, subi l'examen médical, et on l'a déclaré bon pour l'expatriation. Il n'a pas été long à être abattu par le climat, on a ordonné son retour et le voici, à la veille de l'arrivée, qui agonise. Il est sans connaissance depuis des heures, dans sa cabine, au-dessus de la partie du navire où ronfle et sursaute sauvagement l'hélice. Je vais le voir. Il est paisible et rose... de la roseur perfide des fébricitants : la température de son corps, où chauffe le sinistre mal, monte incessamment.

Le matin, au petit jour, on nous dit qu'il est mort ! Voici donc notre bonne chance détruite, notre mascotte en défaut, et, comme les autres « bateaux blancs » revenant de là-bas, la sombre dévastatrice nous aura visités !

On hâte les funérailles. Le gros temps gronde sans répit. Tout le monde n'est pas encore éveillé que, dans le demi-jour d'une aube pluvieuse, nous sommes, quelques-uns, réunis par le Capitaine autour du cadavre étendu sur un panneau d'écoutille couvert du drapeau tricolore. Une extrémité de la planche pose sur le bastingage, l'autre, deux matelots la soutiennent. De courtes prières : l'humble et fraternelle Oraison dominicale, la douce et tendre Salutation angélique, quelques mots d'adieu mal compris parmi les bourdonnements du navire tourmenté et les gémissements rauques des vagues. La marche un instant ralentie, la planche soulevée par un bout, une momie serrée dans de la toile grise glissant sous le drapeau et plongeant droite et lourde, les pieds en avant. La mer fluide se referme plus irrémissiblement que la plus lourde pierre tombale, un coup de sifflet commande de reprendre la pleine vitesse en avant, et c'est fini ! Sur notre droite, dans une éclaircie, le cap Finistère apparaît très vague. *De finibus terrœ ad te clamavi! Finis terrœ adorabunt te! Laus tua in fines terrœ!*

Une demi-heure après tout le monde déjeune. On cause de choses indifférentes. On rit un peu. Sortant de table, un convive sifflote. Le Capitaine annonce que nous serons dimanche matin à Anvers et il fait égorger Antoinette puisqu'elle n'a pas empêché la mort de visiter son bon navire.

Et c'est presque invariablement comme ça durant les retours de ce Congo dont on a « audacieusement affirmé l'insalubrité » ainsi que le dit « le Congo Minotaure », cette brochurette complaisante que j'ai déjà citée, écrite par un de ces enragés que secoue un accès de congolisme. Une dîme de morts perçue par le Destin sur ce lot de malades affaissés et dolents, revenant non seulement du Bas, dont on voudrait faire la seule partie insalubre, mais du Haut que vainement on essaie de représenter comme un Sanatorium, Ce n'est pas du Haut et du Bas qu'il s'agit dans cette question de climature, mais de la Chaleur, et de l'invincible anémie qu'elle inflige aux hommes, et de l'universel impaludisme qu'elle inflige à la terre. Elle est fille de l'Equateur et on ne déplace pas, on n'assainit pas l'Equateur. Le docteur Dryepond a été frappé de cette ubiquité de la F. D. H., sévissant partout, sur les monts comme dans les fonds, au pays des herbes comme dans la forêt et la brousse, au bord des eaux comme sur les sommets, dans les sites à nuits fraîches comme dans ceux à chaleur continue.

Tient-on compte de ces disparus qu'engouffre la Mer, dans les statistiques à demi-rassurantes que dressent de trop officieux défenseurs, comparant la mortalité au Congo à celle de quelques villes et de quelques pays choisis, pendant des années choisies? Un exemple de ce laborieux agencement est à voir dans la susdite plaquette au Minotaure. Tient-on compte que ceux qui partent sont des jeunes hommes de vingt à trente ans, dans la force de l'âge, vérifiés par les médecins (ils pourraient l'être mieux, paraît-il, si j'en crois des récits bizarres qu'on m'a faits)? Compare-t-on leur mortalité avec celle de sujets analogues, et non avec une population prise en masse, enfants en bas-âge, infirmes, femmes, vieillards? Puis, il ne s'agit pas seulement de ceux qui meurent, mais de ceux dont la santé est altérée. Il n'en est guère qui échappent à cet affaissement physique et moral des tropiques africains dont on a dit qu'il n'était qu'une longue méditation sur la mort. A peine quelques exceptions qu'on fait incessamment tournoyer dans les écrits et dans les discours comme le cortège de la Juive, alors que la plus élémentaire logique commande de juger un tel problème sur des séries et non sur des individus. Parfois la maladie n'apparaît qu'au retour; parfois elle couve des années, agissant en longue traînée brûlant lentement et souterrainement. Les médecins de Stanley, dans la maladie récente qui faillit l'emporter, n'ont-ils pas découvert et affirmé qu'elle était due à un résidu de microbes qui s'étaient logés dans son organisme pendant ses courses au Congo?

Ah! combien le change qu'on essaie de donner à cet égard est criminel! Que de jeunes existences sacrifiées ou compromises! Quelle abomination de les lancer ainsi, inconscientes, en des aventures où elles ne sont que des moyens pour des entreprises mercantiles, où l'on oublie qu'elles ont leur fin et leur dignité en elles-mêmes ! Quel vilain métier que de les séduire en exaltant les beautés de cette Afrique des tropiques où presque toujours ce qui est très beau est en même temps très malsain, comme cette grandiose forêt équatoriale où les orchidées resplendissent en broderies sur le tissu des lianes, mais dont le pauvre poète Paul Janssens, lui aussi un disparu, écrivait : « J'y sens une oppression, un étouffement, la sensation atroce d'une étroitesse d'espace. Souvent, la folie sous le crâne, luttant contre la mort, j'ai le besoin invincible de faire des courses énormes. La forêt est impénétrable..., il n'y a qu'écrasement d'âme, que désespoir. »

Combien il serait plus humain et plus noble de dire loyalement :

« Vous pensez à aller au Congo. Vous êtes poussé soit par des raisons privées, soit par un désir d'aventures, par un besoin de vous consacrer à une grande œuvre, par l'attrait d'un pays nouveau, par l'espoir d'une vie indépendante ou d'une conquête de la fortune. Notre devoir est de vous renseigner exactement. Sachez donc que votre indépendance se réduira à vivre isolé en dehors de toutes les habitudes, de toutes les affections, de toute la vie physique et intellectuelle qui vous sont familières. Que vous trouverez là de beaux paysages, mais qu'ils n'égalent pas en charme ceux de votre patrie et que la jouissance que leur vue pourrait vous donner sera anéantie par la chaleur qui règne presque incessamment. Que vos aventures, sauf des accidents très rares, se borneront aux occupations monotones de l'homme de négoce, ou du soldat en garnison, ou du fonctionnaire dans son administration. Que votre vie de famille se réduira au concubinat avec des esclaves noires. Que votre santé sera promptement altérée par la température, l'alimentation insuffisante, la rupture avec votre vie coutumière; que l'anémie vous attend fatalement et qu'alors vous pouvez être fauché par la Fièvre, l'Hématurie ou la Dysenterie qui auront facilement prise sur votre constitution affaiblie. Que loin de tout commerce intellectuel, votre moral et votre intelligence s'affaisseront au point de vous rendre étranger à votre pays quand vous y reviendrez. Que vos profits seront presque nuls, votre salaire dérisoire, que vous vous exposerez en réalité pour des gens restant tranquillement en Europe à palper les bénéfices des entreprises auxquelles vous contribuerez, et qui, probablement, ne verront jamais le Congo. — Que si, néanmoins, vous avez une âme héroïque, désintéressée, s'irritant des conventions européennes, comptant pour peu ce qui vient de vous être dit, aimant l'imprévu et le lointain pour eux-mêmes, amoureuse d'une petite monarchie isolée où vous règnerez sur quelques nègres, trouvant peu viril de marchander avec les périls, prête au sacrifice et éprise d'une belle œuvre même quand elle est ingrate pour ceux qui la servent; que si vous avez une raison péremptoire et personnelle de fuir la Belgique, — alors partez et vous serez peut-être parmi les quelques heureux qui surnagent ou qui s'enrichissent. »

Oui ces rares qui surnagent, et qu'incessamment on nomme, on signale, on montre, on exhibe, comme les curiosités à la foire !

« Mort dans la mer, vent dans les voiles! » Dicton nautique qui se vérifie au grand dam de notre tranquillité. « Bon rouleur, bon marcheur », dit un autre, et vraiment, s'il était vrai, le *Léopoldville* devrait filer comme l'hirondelle. Nous sommes engagés dans le golfe de Gascogne et les déhanchements du navire

« bord sur bord » dépassent ce que la patience humaine peut supporter. Nous sommes ballottés comme des pommes sur un tambour, comme la bille d'ivoire dans la roulette qui tourne. Plus un instant de repos, plus un moment de station droite. Hommes et choses, tout se balance en d'ininterrompus mouvements de pendule. Dans ma cabine les vêtements accrochés semblent des pendus brimballants leurs derniers spasmes. Je m'endors en m'arcboutant, et, rêvant encore, je rêve enfantinement que le steamer est un berceau énorme où les poupées géantes qui ont engendré Janneke et Mieke les basculent d'un rythme saccadé, l'un à tribord, l'autre à bâbord, chantant ce pantoum des nourrices de ma petite enfance :

Toe, toe, kindje toe !
Slaep en doe uwe oogskens toe!

La cloche où l'on « pique » l'heure tinte d'elle-même lugubre. Des bruits indistincts, des craquements de membrure, des cliquetis imprévus d'objets d'ordinaire immobiles, donnent au navire une vie fantastique à la Davenport. Et il va, le navire, parmi l'échevèlement et le dévalement des vagues hachurées de diaprures argentées bruissantes, parmi des fritures et des savonnées; il va, affolé, pareil à un cachalot attaqué par des baleiniers, portant et secouant ses mâts comme des harpons plantés dans les chairs, mugissant, levant sa proue, plongeant de la poupe en des sursauts gigantesques, parfois l'hélice à demi hors de l'eau, battant les flots en désespérée de formidables coups de queue et lançant dans les airs un feu d'artifice d'écume, écoulant le tourbillon de son sillage en longue traînée d'un sang laiteux échappé de ses blessures, soufflant la colère et le vacarme pendant que, dans le solennel pourtour de la mer, limitant l'étendue en un cirque auquel le ciel tumultueux fait velum, le vent de tempête, terrible, continue ses ronflements.

Un accident à la machine! Tout subitement muet dans les entrailles du steamer. On s'éveille : le meunier s'éveille quand son moulin s'arrête. Le bruit empêche le passager de dormir et la cessation du bruit l'empêche aussi. Comme tout cela dénote que le Monde est organisé pour nous! Le vaisseau ne bouge plus. Est-il mort? Un effroi, par la nuit. Des galopades sur le pont. Des ordres brefs. Trois lanternes rouges hissées précipitamment dans les agrès pour signifier à ceux qui errent dans l'environ, qu'il y a, pour nous, impossibilité de manœuvre. De rapides travaux. — Le mauvais temps s'apaise comme satisfait de sa victoire et, le matin, quand le soleil se lève, tel un nénuphar orange s'étalant à l'Orient, tout est calme. Une mer déjà verdissante, des mouettes au long vol d'oiseaux croiseurs, des vapeurs, de grands voiliers, des pêcheurs annoncent que nous sommes proches d'Ouessant, au double phare. Décidément c'est le retour.

Le Retour! A ce mot qui va et vient sur mes lèvres, écho des fantômes qui vaguent dans mon cerveau, je sens un regret de finir ce dur voyage de vingt mille kilomètres dont les souvenirs vibrent si métalliquement en moi. Ne m'a-t-il pas déplié plus largement, ne m'a-t-il pas assaini l'âme au souffle de ses puissants courants d'air? Loin des quotidiens soucis et des inévitables misères, ne m'a-t-il pas fait entrevoir le plus profond, et, peut-être, le meilleur de moi-même en déplaçant toutes les perspectives, en changeant tous les points de vue, en remuant dans mon esprit et dans mes nerfs les fibres d'ordinaire au repos. La mer grandiose; ce ciel merveilleux si constamment devant mes yeux, pur, ou peuplé de nuages, ou clouté d'étoiles; ce pays lointain et bizarre, ne m'ont-ils pas remué, refondu, n'ont-ils pas noyé mes petitesses pour les emporter dans un torrent salutaire? Je me vois mieux! C'est quand je ne me crois rien qu'un fils de la terre, un atôme dans le Cosmos infini, qu'il me semble retrouver le véritable équilibre. Oh! la joie de se sentir, jouet de l'instinct, tourbillonner dans la Nature! Ces universalités font-elles vraiment sonner en nous des cordes plus retentissantes que les plus belles choses humaines? Sommes-nous bien plus un fragment du monde qu'un fragment de l'humanité? Oh! la joie de se laisser aller aux événements comme le feu brûle, comme la pierre tombe et de subir sur soi le poids consolant de la Nécessité! Harmonieuse et douce béatitude où on ne lutte plus, où on se laisse emporter!

Nous détournant du Nord qui jusqu'ici guida le cap du vaisseau, nous voici naviguant vers l'Est à travers la Manche. Nous sommes dans l'heureuse zone des Quatre Saisons et des beautés changeantes qu'elles ramènent dans leur révolution charmante. Le vent frais d'octobre, et sa marée de nuages, toiles célestes préparées pour les dantesques peintures des soleils levants et des soleils couchants, rafraîchissent mon sang et ravissent mes yeux. Bientôt ce sera l'hiver et ses gels et ses jonchées de neige. Les froids trop âpres seront corrigés par la beauté des feux flambants dans les âtres familiaux. Puis le printemps et ses angéliques verdures et ses fleurs ! Dans les âmes s'épanouiront les délices et les mélancolies que ce cycle adorable apporte aussi sûrement que les transformations de la Nature. Durant l'été, les chaleurs seront apaisées par les souffles nocturnes, par les aubes et par les soirs. Puis viendra l'automne et la magnificence de ses feuillages. Nous sommes dans l'heureuse zone des Quatre Saisons ! Ah ! je puis penser sans amertume aux dures contrées tropicales, à leur climat toujours le même et opprimant, à la monotonie de leur soleil cruel et de leur verdure destituée des grâces de la vie annuelle, de la lente agonie des couleurs et de la printanière résurrection !

Voici de nouveau les marsouins! Viennent-ils nous chercher, joyeux, pour nous conduire au port? Ils bondissent en peloton serré, surgissant de derrière les vagues comme des chevaux de steeple-chase au-dessus des barrières et des haies. Des arcs-en-ciel tantôt complets en leur courbe triomphale, tantôt mutilés en architecture croulante, posent, dans le vaste paysage, leur beauté multicolore. La côte anglaise décore sobrement l'horizon, simple liseré sur les amples dalmatiques de la mer et des cieux. L'île de Wight, Beachy-Head, Hastings, Dungenes, Douvres, South-Foreland, Dunkerque, avec leurs phares pareils à des planètes calmes ou à des globes d'artifice mouvants, les plus beaux phares parmi les neuf mille qui font une illumination titanique sur toutes les côtes du Monde! Ah! que de fois déjà en ma vie vagabonde je vous ai vus quand les espoirs du départ prenaient leur essor, quand les joies et les craintes du retour chantaient leurs hymnes! Le troupeau des flots vert clair, chassés par un vent d'arrière, nous fait cortège. Soyeuses, élégantes, courtes, marbrées de serpentaisons lactées, les vagues souples de la Manche contrastent avec la lourdeur majestueuse de leurs sœurs bleues de l'Atlantique laissées derrière nous.

Mais revoici, solennelle, volutant ses lames pesantes chargées du sable de ses bancs poissonneux, la mer de la Patrie, la mer natale, la Mer du Nord! Et dans la brume les dunes vaporeuses où j'ai épuisé tant d'heures de bonheur et de mélancolie, d'amour et de rêverie. Et là-bas Flessingue, et le vaste estuaire des bouches de l'Escaut qui va me résorber pour me rendre à la vie cadencée de la terre!

Que ces journées pérégrinantes qui vont finir furent courtes et que le total me semble long! La Vie! O prodigieux gaspillage de temps, fait d'attentes et de lents intervalles durant lesquels on poursuit et on espère la lueur et la chaleur de buts trompeurs promptement éteints! Que me restera-t-il de cette dépense des activités fléchissantes et des forces diminuantes de ma maturité? Les belles impressions que suscite la Nature sont comme les belles idées, les belles actions, les belles phrases, les belles femmes : on les regarde, on les contemple, on en ressent l'émoi; puis elles se perdent dans le souvenir, on les oublie! Mais à jamais elles ont ennobli et fortifié l'âme!

En mer, à bord du *Léopoldville,* le 24 octobre 1896.

NOTRE CONGO EN 1909

Je veux la Belgique plus riche, plus belle, plus forte, PLUS GRANDE.

LÉOPOLD II.

Notre Congo! Il est à nous après bien des traverses. Sa conquête, son annexion à notre petite Patrie qu'il a agrandie tout à coup, — au point de vue matériel en faisant d'elle la quatrième puissance coloniale du monde, après l'Angleterre, la France, la Hollande, mais avant l'Allemagne, le Portugal, les Etats-Unis, l'Espagne, — au point de vue moral en ouvrant nos âmes au lointain et à ses vaillances exaltantes, — sa conquête a subi les contrariétés, les lenteurs, les défiances, les dénigrements dont l'énigmatique Nature fait la rançon de ce qui a de la beauté et de l'ampleur et dont chez nous, pays de la moyenne mesure, pays de l'Equilibre, on finit généralement par se délivrer.

Après la prise de possession politique, il importe que se réalise la prise de possession psychique.

Celle-ci ne peut s'obtenir que par la connaissance et la fréquentation de ce territoire immense et magnifique. La fréquentation pour ceux qui partent; la connaissance pour ceux qui restent. La vue directe pour ceux-là; la vue imaginative pour ceux-ci grâce aux récits, grâce aux écrits.

J'ai apporté ma contribution à cette œuvre de description et de propagande par mon Livre de 1896 : *En Congolie*. Je veux, par ce qui va suivre, y ajouter un effort nouveau en décrivant rapidement le Congo tel qu'il m'apparaît en 1909.

Je serai rapide, je peindrai avec les allures sommaires et larges de la fresque. Puissé-je, néanmoins, réussir à donner aux lecteurs les vives impressions que je ressens moi-même et dont je fis la substance d'une Conférence à Ostende-Centre-d'Art au mois d'août dernier.

Les grands événements veulent leurs héros et leurs chantres. A défaut d'avoir pu être des premiers, je tente d'être des seconds.

***

Je voudrais d'abord esquisser à vol d'oiseau ce qu'est la Terre Congolaise, de l'occident à l'orient, depuis l'estuaire du fleuve gigantesque qui lui donne son nom, jusqu'à sa source, puisqu'on ne peut mieux la circonscrire dans son ensemble qu'en disant qu'elle est le bassin tout entier du Congo, c'est-à-dire tout le sol sur lequel s'étale le lacis prodigieux des cours d'eau petits, moyens et grands qu'il recueille, synthétise et porte à l'Atlantique.

Le voyageur aérien qui, planant, arriverait par celle-ci verrait, dès qu'il serait à vingt kilomètres de la côte africaine, la masse de limpide azur de l'océan se teinter en éventail de la couleur jaune pâle du thé.

C'est la projection, au loin, du courant du puissant fleuve arrivant à son embouchure après un parcours de quatre mille kilomètres, huit fois celui de notre Escaut, quatre fois celui de notre Meuse, profond alors de cent mètres, large de deux de nos lieues, débitant en saison sèche quarante mille mètres cubes par seconde, cent vingt mille en saison des pluies. Seul l'Amazone brésilienne en fait plus.

La côte apparaît, basse mais se relevant bientôt en une chaîne qui lui est parallèle : les Monts de Cristal (ne pas prendre ce beau nom à la lettre) qui vont du Kameroun allemand au nord à l'Angola portugais au sud, à une altitude moyenne de sept à huit cents mètres.

C'est au travers de ces monts que le Congo passe par une longue gorge d'écoulement vers la mer, descendant l'escalier de Titan des trente-deux chutes Livingstone qui, durant des siècles, firent obstacle à la pénétration de l'Afrique de ce côté et persuadèrent aussi, d'abord, que les projets de Léopold II étaient chimériques et irréalisables. Heureuse chance qui rendit commodes les Puissances, spécialement l'Angleterre abusée, lorsqu'il s'est agi d'admettre, au profit de notre roi, en intention secrète fidei-commissaire de la Belgique, la création de l'Etat Indépendant.

Cette chaîne bordière franchie apparaît la Cuve Congolaise.

Regardez la carte. Remarquez la forme totale de notre Colonie et sa place dans « le grand jambon » qu'est l'Afrique. Elle va se fixer à jamais dans votre esprit.

C'est une gourde à grosse panse dont le goulot débouche dans l'Atlantique. Ou un de ces éventails formés d'une feuille ramifiée de palmier, dont la queue pointe du même côté. Ou, mieux encore : ouvrez votre main gauche, dressez-la devant vous à hauteur des yeux, supprimez en pensée les doigts : votre paume et son pouce étendu vous donnent en réduction l'image désirée.

Oui, et d'autant plus exactement que votre paume se creuse légèrement en son milieu, forme cuvette et, de toutes parts, est entourée d'un bourrelet de votre chair. C'est la Cuve Congolaise en miniature. Remarquez les plis, les lignes que consultent les chiromanciennes pour vous dire la bonne ou la mauvaise aventure : elles représentent, sauf les directions, les fleuves et rivières dont les ramifications multiples strient le fond de cette dépression colossale.

C'est la Cuve Congolaise! et les hauteurs qui l'ourlent, pareille encore à un poëlon dont le manche serait le bas Congo, l'entrée étroite par l'océan Atlantique, étroite mais suffisant à tout ce que la Colonie peut donner pour l'exportation ou recevoir par l'importation.

Là sont aujourd'hui, au long du fleuve, les trois meilleurs ports de l'ouest en Afrique méridionale; tous trois à nous, merveilleusement abrités et en eau profonde : Banana à la côte; ensuite à l'intérieur la tranquille Boma capitale administrative; plus à l'intérieur encore Matadi que le chemin de fer relie à Léopoldville, la capitale commerciale dont quelques-uns voudraient faire la capitale totale.

Cette cuve est le lit de grès blanc d'une ancienne mer asséchée, grande comme la Caspienne; il en reste quelques lacs, quelques flaques. Elle est mollement en pente montant vers le soleil levant, avec des ondulations légères; c'est cette déclivité qui fait dévaler toutes les eaux vers la côte du soleil couchant.

Tout autour, comme les bords d'une immense assiette, sont des collines s'élevant bientôt en montagnes dont l'une, tout au bout à l'est, le massif du Ruenzori, dresse dans le ciel équatorial un pic de neige plus haut que le Mont-Blanc : 5038 mètres contre 4812.

De cette guirlande en couronne, le tronçon qui forme barrière à l'orient, non loin proportions gardées, des rivages de l'Océan des Indes, est l'une des lèvres d'une fente énorme du sol de l'Afrique, la Grande Crevasse, le Graben Central comme le nomment les Allemands, ride géologique large d'une trentaine de lieues, au fond de laquelle s'aligne du nord au sud le chapelet des eaux qu'on s'est accoutumé à nommer les Grands lacs.

La Grande Crevasse est barrée vers la moitié de son développement par une ligne de volcans qui la séparent en deux parties; celle du nord est le début du bassin du Nil, celle du sud le début du bassin du Congo. Là sont, par cette crête de faîtes transversale baptisée monts Virunga, les premiers filets d'eau s'allongeant des deux parts en sens opposés, qui deviendront les deux fleuves les plus majestueux de l'Afrique et presque du Monde.

Sur ces territoires, d'un aspect et d'une structure si aisément saisissables dans leurs formes géologiques générales, qui, aux temps paléontologiques, furent arides et désolés, — car la Cuve congolaise fut d'abord vraisemblablement un Sahara lorsque ses eaux venaient de s'écouler par le goulot qu'est le défilé des Monts de Cristal insensiblement élargi par le travail érosif du Fleuve, — s'est établie une végétation de pays chaud, car notre Congo est à cheval sur l'Équateur.

Il y a là quatre paysages, nettement distincts, s'étendant sur un espace grand comme quatre-vingts fois la Belgique, de telle sorte que si on le divisait en provinces égales aux neuf de chez nous il y en aurait sept cent vingt!

C'est la Brousse, la Forêt, la Savane, les Rives.

La Brousse : de hautes herbes dures, plus hautes que deux fois la taille humaine, jusqu'ici inutiles, ponctuées d'arbres clairsemés et mal venants, déserts monotones que jadis les naturels incendiaient pour (du moins le disaient-ils) en exterminer la pullulante population des reptiles et des bêtes fauves.

La Forêt : l'interminable forêt tropicale, la forêt vierge, les palmiers, les arbres d'ébénisterie, quelques baobabs ces pachydermes de la végétation, tissés, fourrés de lianes, les ténèbres de l'Afrique selon la forte expression de Stanley; l'inépuisable mine de caoutchouc à ciel ouvert opulente spécialité du Congo belge, donnant dès maintenant une exportation annuelle d'environ cinquante millions de francs, joyau de l'Afrique méridionale qui a fait d'Anvers un des principaux marchés de cette denrée devenue indispensable et d'un usage sans cesse augmentant.

La Savane : ceci est le paysage idyllique, là surtout où par l'altitude le brûlant climat de la zône torride s'humanise comme au Transvaal et devient un séjour normal même pour l'Européen, pour le blanc. Des étendues verdoyantes d'herbe courte, ornées de bou quets d'arbres aux verts charmants où rutile le feuillage écarlate du Flamboyant, parterres mosaïqués de fleurs, donnant l'impression d'un Parc indéfini, comparable, sauf la culture, à nos belles campagnes de Flandre durant l'été.

Le Fleuve enfin : ses rives et ses affluents courant parfois sous le berceau des ombrages ; le fleuve qui, en certains endroits, s'étale, immense aussi large que s'il couvrait tout l'espace entre Bruxelles et Anvers, avec ses îles et ses pêcheries, imposant des mœurs spéciales et des agglomérations par cela seul qu'il est poissonneux et qu'il est le chemin qui marche.

***

Et le climat ! N'oublions pas le climat, cette présence constante constamment absente dans les photographies par lesquelles le profane est sollicité de se faire une idée du Congo.

C'est celui du bassin de l'Amazone au Brésil et des îles de la Sonde — Java et Batavia — seules terres qui soient sous les mêmes latitudes, le climat équatorial, différent du climat tropical et moins chaud, le climat du « pot au noir » des marins, du *cloud ring* des Anglais, cet anneau permanent d'épais nuages sombres, d'environ deux cents lieues de large, qui se déplace avec le mouvement apparent du soleil, allant avec lui vers le nord quand il se rapproche du tropique du Cancer, allant avec lui vers le sud quand il revient vers le Capricorne; la grande zone lentement voyageuse des lourds calmes équatoriaux.

Où cet anneau plane c'est la saison humide, les grandes chaleurs et les grandes pluies, non pas continues mais crevant en orages diluviens de deux ou trois heures; l'électricité alors abonde, énervante, déprimante, et presque tous les soirs le ciel est zébré d'éclairs.

La température suffoquante des jours est de 36 à 38 degrés; elle a monté jusque 40. La sieste, la mise à l'abri s'impose, l'insolation menace. Les nuits, d'une durée à peu près égale à celle des jours, sont à une moyenne de 20 à 24 et sont relativement reposantes.

Quand l'anneau s'est éloigné, c'est la saison sèche, réconfortante, aisément supportable. Le climat rappelle celui de l'Italie, de l'Espagne. La température de jour et de nuit descend en moyenne d'une douzaine de degrés sur celle de la saison chaude, la pluie est très rare, le milieu est plus humain, l'habitude le rend même agréable. Le ciel est, alors généralement grisâtre, non pas l'azur sans tache, l'azur provençal tant vanté, — et pourtant ennuyeusement monotone en comparaison des ciels de notre zone tempérée aux changeants et belliqueux nuages, « l'heureux pays des quatre saisons ».

Dans les forêts toutes les variétés de singes, depuis les plus grands jusqu'aux plus mignons, vivant leur vie aérienne, remuante et cabriolante de gros oiseaux sans ailes, gibier presque humain qui, peut-être, familiarisa analogiquement les naturels avec l'anthropophagie.

Dans les fleuves l'hippopotame abonde, le crocodile aussi, vivant leur vie amphibie, pour celui-ci carnassière, pour celui-là pâturante.

Dans les savanes et la brousse, l'éléphant, mine d'ivoire circulante, vivant sa vie ambulatoire et collective.

Puis, pour ne citer que ceux qui pullulent, la panthère et le léopard avec leur aliment obligé les antilopes et les gazelles ; les hyènes et les chacals, les sangliers et les zèbres qu'on commence à savoir apprivoiser. Parfois le lion et la girafe, mais en rareté, ainsi que le boa et les moindres reptiles.

Les oiseaux sont en partie ceux de chez nous, plus, entre autres, les bengalis et les perroquets formés en république. Le royaume des poissons a enrichi l'ichtyologie d'environ deux cents espèces nouvelles. La moule d'eau douce forme des bancs épais.

D'énormes papillons aux ailes de saphir orchidées volantes se posent sur les orchidées végétales immobiles. Le Goliath, superbe insecte, cabochon maron, gros comme un moineau, sur les arbustes où il s'établit en colonies, semble un fruit étrange.

Tel immémorialement le paysage grandiose de ce qui devait être un jour le Congo belge.

Mais durant combien de siècles ce fut la *terra incognita*, la terre inconnue représentée sur les vieux atlas par une tache blanche où pour tout renseignement on se risquait à dessiner quelques bêtes féroces !

Il fallut la prescience instinctive, la ténacité infrangible de Léopold II, son besoin obscur et pour ainsi dire subconscient de réveiller dans notre Nation les aptitudes vagabondes d'autrefois, pour que ce morceau de la Terre, presque le seul qui restât ignoré, entrât dans la géographie générale et dans le traditionnel mouvement colonisateur de la race aryenne, actuellement mieux qualifiée européo-américaine.

Mais avant d'en venir au récit succinct de cette extraordinaire et brillante aventure, il convient d'indiquer ce qu'était alors, au point de vue humain, cette Afrique secrète et inexplorée.

Il s'y trouvait une population nègre, d'un chiffre difficilement déterminable, vingt millions plus ou moins. Elle était disséminée en hameaux, villages et bourgades, sans rien qui pût être qualifié ville. Si elle était, peut-être, d'une seule race (les chamites, les noirs) elle comprenait un grand nombre de variétés se distinguant notamment par des tatouages nationaux comme ailleurs on se distingue par le costume, trop sommaire pour cet usage parmi ceux qui vivaient presque nus et ne s'habillaient que de leur peau. Cela allait des robustes et représentatifs Bangala de la race envahissante, jusqu'aux nains, aux Négrilles, de la race envahie.

Leur civilisation, si on peut employer ce mot pour qualifier des mœurs absolument rudimentaires, n'avait pas encore atteint la période de « la barbarie », mais était au degré inférieur de « la sauvagerie ». Dans tous les domaines ils représentaient, semble-t-il, l'homme primitif, l'homme préhistorique, demeuré tel jusqu'à nous à travers les temps, adonné à un fétichisme grossier, comique, difforme dont des sorciers sournois, fanatiques, cruels composaient le clergé.

Chaque agglomération vivait pour son compte, en état de défiance, d'hostilité, de brigandage et de guerre avec les agglomérations voisines. Parfois, une personnalité de cérébralité plus haute associait certains groupes, faisait le conquérant et fondait une sorte d'empire, rarement durable.

L'esclavage régnait partout, et généralement l'anthropophagie, le prisonnier de guerre, ou même le simple être appartenant à un autre groupe, étant tenu pour bétail ou gibier à tuer, dépecer et dévorer aussi naturellement que la chèvre ou l'antilope. Et lorsque, en Amérique, les Européens commencèrent à employer les nègres comme esclaves, l'embouchure du Congo devint le principal entrepôt pour la traite où venaient s'approvisionner les navires. Les souvenirs affreux de cette époque féroce sont encore vivants à Banana et à Boma. On y amenait de l'intérieur les troupeaux humains. Les cataractes du bas Congo qu'on nommait aussi le Zaïre, empêchaient les négriers d'y aller eux-mêmes. La haute Congolie demeurait interdite et mystérieuse.

Quand, au commencement du siècle dernier, la traite fut internationalement abolie, le marché d'esclaves des bouches du Congo disparut avec elle. Mais l'odieux commerce passa, sans qu'on s'en doutât en Europe, de la côte occidentale à la côte orientale.

L'Arabe, le Sémite, pratique encore aujourd'hui l'esclavage. Il achète et vend l'homme, la femme, l'enfant. J'ai vu un marché de l'espèce à Fez en 1886.

Empêché, après des luttes plus que millénaires, de continuer contre les Européens les pratiques de pillage à force ouverte ou sournoise qui semblent un irrésistible entraînement de sa race, réprimé dans la Méditerranée où ses corsaires avaient si longtemps écumé la mer et les rivages, désormais empêché ainsi vers le nord, il s'était retourné et fonctionnait au sud parmi les régions du haut Nyl et du haut Congo. Dans celui-ci.

notamment, il exerçait de terribles ravages, s'avançant méthodiquement, massacrant, brûlant, détruisant avec des atrocités pires que celles des ci-devant « marchands de bois d'ébène » brésiliens.

L'Europe l'apprit, et encore vaguement, par les lamentations de Livingstone.

Lorsque Léopold II commença à rêver à la colonisation du Congo ces horreurs battaient leur plein, et l'on eut pu entrevoir le moment où cette portion de l'Afrique serait, autant que le Soudan, entièrement conquise aux sectateurs de Mahomet et soumise à leurs mœurs très particulières.

Comment le Belge fut-il tout à coup mêlé à la répression de ces déprédations, et plus généralement, à la colonisation de ce morceau d'Afrique?

La politique européenne, inspirée en cette occasion par l'Angleterre et la Hollande, agissant par crainte et rivalité, avait réussi jadis, à nous sevrer de toute activité colonisatrice.

Le traité de Westphalie au milieu du dix-septième siècle, le traité de Vienne au milieu du dix-huitième, fermèrent successivement à la navigation maritime hauturière notre Anvers et notre Ostende.

Que fûmes-nous, en effet, depuis qu'avait avorté le grand projet de nos ducs de Bourgogne de faire de nos provinces le principal élément d'un royaume à part, « d'un Etat-tampon » autochtone et puissant entre la France et l'Allemagne? Rien que l'appoint de l'une ou l'autre puissance : successivement espagnole, autrichienne, française, hollandaise, gouvernés de plus en plus non pour nous mais pour les intérêts de ces dominateurs qui, pendant plus de trois siècles, méconnurent et opprimèrent notre originalité.

Le résultat fut lamentable : nous n'étions plus, finalement, qu'un conglomérat amorphe et sans vitalité, une population destituée des aptitudes énergiques révélées sans interruption au cours d'un passé tumultueux et florissant, tombée dans l'inertie et le coma, n'ayant plus que vaguement le sentiment de son individualité nationale, une Irlande, une Pologne.

Nous avions été l'élément le plus actif des grandes migrations que furent les premières croisades; Bruges, plus tard Anvers, étaient autrefois des villes maritimes par excellence; nos navigateurs comptaient parmi les plus nombreux et les plus entreprenants; notre législation de la mer servait de modèle à d'autres peuples. Et voici que les jalousies et les craintes de deux nations cupides nous avaient claquemurés et réduits à cuire dans notre pays, asservi et bouché, comme dans une marmite soigneusement coiffée d'un couvercle.

En 1815, la Belgique dédaigneusement attribuée à la Hollande par la Sainte Alliance, « en agrandissement de territoire » — humiliante formule diplomatique — eut indirectement le bénéfice des colonies qu'on restitua à la maison d'Orange, l'Insulinde : Java et Batavia.

Mais dès 1830, cet avantage disparut par la Révolution qui nous rendit, enfin, notre indépendance, et la rivale par nous répudiée put se glorifier d'avoir ce que nous n'avions pas, des colonies, consolation pour tout ce que nous lui faisions perdre en divorçant et pour les activités industrielles et commerciales concurrentes que nous allions manifester avec une intensité étonnante.

La force colonisatrice intrépide, immanente à la race européenne dont elle est une des caractéristiques les plus significatives, était-elle oblitérée chez nous? Etions-nous voués à n'être définitivement qu'une nation sédentaire, une Suisse ?

Déjà durant les premières années qui suivirent 1830, un événement manifesta que le ferment n'était pas détruit. Les hommes de mon temps ont dans leurs souvenirs d'enfance la tentative de fonder une colonie belge à Santo-Thomas de Guatemala. Un certain comte de Hompesch, qui avait son hôtel porte de Louvain (place Madou actuelle), vaste et singulière bâtisse « hors des murs » aujourd'hui rasée, y engloutit sa fortune et était populaire dans le Bruxelles de l'époque par ses escarmouches avec les huissiers chargés de l'arrêter pour dettes.

Les tendances secrètes, les tendances « larvées » d'un peuple, trouvent toujours moyen de surgir. Le rôle des grands hommes est de leur servir de cheminée d'évacuation. Ils agissent et parlent pour ceux qui ne parlent pas.

Ce rôle fut, en ce qui concerne le besoin de coloniser, attribué par le Destin à Léopold II. C'est ainsi qu'il faut prendre son initiative. On se trompe en croyant que seul, et arbitrairement, par un besoin de mégalomanie monarchique, il en fut l'initiateur.

Il a, en réalité, dégagé ce qui existait à

l'état latent dans notre Ame belge formée par la Nature et par l'Histoire et qui, si longtemps, avait été comprimée. L'enthousiasme avec lequel, après les hésitations du début et malgré d'ineptes résistances, l'œuvre du Congo est aujourd'hui comprise, acceptée, défendue, louée, en est le témoignage.

Dès son premier acte politique, son discours d'entrée au Sénat lors de sa majorité il y aura bientôt soixante ans, cette force nationale secrète le tourmente. Elle est encore vague pour lui comme pour nous tous. Mais elle le pousse à chercher sur la carte du Monde quelque territoire où l'Europe, en mal d'émigration depuis des siècles, pourra encore se répandre et où, spécialement, pourra aller la Belgique.

C'est la zone équatoriale de la massive Afrique qui, à cette époque, apparaît surtout comme la terre disponible. Il y a là un territoire à peine écorné sur les bords par les explorateurs. Un fleuve inexploré en sort à l'Occident sur l'Atlantique. C'est le Congo !

A courte distance de la côte, les cataractes en empêchent la pénétration par l'ouest.

A l'est, un obstacle aussi brutal : la grande crevasse dont le fond est barré par des lacs énormes.

Au nord, c'est l'aride Sahara. Au sud, des régions à renommée anthropophagique. Au centre, une forêt vierge, vaste comme trois fois l'Espagne.

Des explorateurs avaient attaqué ce pays mystérieux et terrible. Le capitaine anglais Tuckey en 1816; il y mourut dans le bas Congo. Le Portugais Graça, en 1843; il n'explora que le Zambèze. Livingstone de 1853 à 1857, mais dans la marge méridionale. Burton et Speke, en 1859, seulement du côté du Nil.

Tout cela c'était « autour » de ce qui sera notre Congo et non « dedans ».

En 1869, Livingstone recommence et semble disparaître; il rôde autour du lac Tanganika dans le Graben central. En 1872, Stanley, encore journaliste, part à sa recherche et le retrouve. En 1874, Cameron traverse l'Afrique de l'est à l'ouest, comme précédemment Livingstone l'avait fait en sens inverse, mais comme lui plus au sud.

Les relations de ces voyages héroïques furent lues avidement par le jeune prince belge dont elles alimentèrent et renforcèrent les désirs et les espoirs. Elles forment peu à peu en lui, dans une sorte de solitude intellectuelle passionnée, la conviction que c'est là qu'il faut chercher. Elles l'obsèdent et le poussent, comme des voix, à la destinée principale et historique de son règne, de sa vie, de sa gloire.

En 1876 — il est devenu roi et médite comment s'y prendre pour réaliser son rêve — il convoque à Bruxelles une Conférence Géographique Internationale. Il espère décider les grands Etats à explorer ce gros bloc d'inconnu demeuré intact et d'en avoir pour la Belgique un lot.

On l'écoute avec indulgence, mais sans foi. On croit paradoxal le projet du jeune souverain. On le laisse faire avec une sceptique et souriante indifférence. On prédit qu'il s'y brûlera les ailes.

Mais ce rêveur a vu juste. Il a la prévision de l'homme de génie. Stanley dont l'Angleterre n'a pas discerné la valeur et qu'elle néglige, tente la première descente du Congo et l'audacieux aventurier l'effectue au cours de 1877 en une série de tragiques épisodes. Il revient à Bruxelles raconter son émouvante odyssée.

Léopold II est désormais édifié et résolu. C'est le Congo, le fleuve royal, qu'il veut, avec le réseau surprenant de ses ramifications et les opulents environs qu'il arrose, notamment le bénéfice de l'immense forêt équatoriale sur laquelle est posée cette gigantesque patte d'oie aquatique. Il veut la mine de caoutchouc.

Il fonde en 1878 l'Association conquérante qu'il qualifie successivement Comité d'Etudes du Haut-Congo et Association internationale du Congo. Stanley et, dès lors, de plus en plus des Belges, des « Consquitadores », en qui ressuscite l'ancestral esprit d'aventure, explorent et, partout, « plantent le piquet », traitent avec les chefs de tribus, annexent ainsi suivant les us et coutumes plus ou moins justifiés en Droit International européen. L'aventure grandit, gonfle, s'affermit. C'est l'œuvre merveilleusement hardie, téméraire, presque invraisemblable, de l'Etat Indépendant qui surgit et qui, enfin, en 1884, est reconnu par les Puissances réunies à Berlin, toujours peu crédules en son avenir, ce qui heureusement les rend accommodantes et provisoirement désintéressées.

A partir de cette époque, les efforts du Roi et des auxiliaires qu'il avait su attacher à son plan, s'intensifièrent pour s'approprier la nouvelle Colonie par la connaissance plus complète de ce qu'elle est et par une organisation destinée à la fois à améliorer le sort des populations indigènes et à fournir à la Belgique de nouvelles et superbes occasions de commerce et d'industrie.

Il y eut une première période, de quatorze années depuis la reconnaissance de l'Etat mais en réalité de vingt quand on y ajoute la phase incertaine antérieure, la période tragique de l'héroïsme... et des misères.

Le climat, les subsistances misérables, les communications difficultueuses vers le haut Congo où pourtant il fallait aller si l'on voulait faire œuvre efficace, les combats avec les nègres les plus belliqueux qu'on gênait dans leur cannibalisme, et surtout avec les redoutables trafiquants arabes qu'on gênait dans leurs pillages, les maladies locales mal connues dans leur nature et dans leurs remèdes, suscitèrent une série d'aventures vaillantes et de malheurs cruels qui firent que presque un tiers des blancs qui y allèrent y perdirent la vie ou la santé.

C'était le temps où l'on se nourrissait de conserves et où tout parcours devait se faire à pied, par étapes, en suivant le terrible et meurtrier sentier des caravanes.

Cette époque douloureuse était sur le point

de finir quand j'y fus en 1896. Deux ans après fut inauguré le chemin de fer qui a supprimé l'obstacle des trente-deux cataractes du bas fleuve et permis aux hommes et aux ressources d'arriver par wagons dans la Cuve congolaise où le magnifique lacis des cours d'eau navigables constitue une voirie commode et sûre.

Le courage des colonistes, leur persévérance, l'endurance de la plupart d'entre eux furent admirables. Là s'affirmèrent avec évidence, au milieu des périls et des calamités, les qualités signalétiques de la nation belge : le travail ingénieux et opiniâtre, l'esprit d'indépendance et d'initiative, l'aptitude à se fortifier par l'association, la moyenne mesure dans l'organisation, le désir de s'entourer d'un confort modeste et utile en sa rusticité.

Les résultats furent étonnants par leur rapidité et leur intensité. Déjà alors on pouvait dire que jamais ni jadis ni naguères une Colonie n'avait progressé plus vite dans la pacification et dans l'administration. On en verra tantôt le surprenant détail.

Mais ce fut aussi, tant les conjonctures étaient parfois rudes et désolantes, accompagné de plaintes et de désespoirs. Rien, me semble-t-il, n'en rend mieux compte que cette chanson du Congo qui avait six couplets quand j'arrivai là-bas, imités de *A Biribi*, d'Aristide Bruant, et à laquelle, dans la brousse, par une nuit d'idées « noires » et de pessimisme, je me risquai à en ajouter six autres, échos des récriminations, des rancœurs, des gémissements que j'entendis. Il faut, certes, faire la part de l'exagération, des impatiences et des erreurs, mais, dans son ensemble, elle est bien la voix populaire créant, pour ce passé heureusement disparu, la Légende où, toujours, s'épanchent et dominent les sentiments vrais des masses.

C'est pourquoi je la donne ici en entier.

Y' en a qui font la mauvais' tête
A leurs parents ;
Qui font des dett', qui font la bête,
Inutil'ment.
Puis, un beau soir, de leur maîtresse
Ils ont plein l' dos,
Alors ils part' pleins de tristesse,
Pour le Congo !

L' fameux Congo c'est en Afrique,
Ousque l' plus fort
Est forcé d' déposer sa chique
Et d' fair' le mort,

Ousque l' plus dur et l' plus farouche
Est vit' sur l' dos,
Car on y crèv' comme des mouches
Dans le Congo !

Dans le Congo les pauvres bougres
Pour quelques liards
S'esquint' au profit de jeanfoutres
Et d' fripouillards
Qui restent chez eux le ventre à table
Et les pieds chauds,
Sans s' fouler l'œil des pauvres diables
Qu' mang' le Congo !

Le Congo chauff' comme un' fournaise
Pour les démons.
On y rôtit comme des punaises
Dans un poëlon ;
L' Soleil vous y tapp' sur la nuque
A coups d' marteau.
Et l'insolation vous reluque
Dans le Congo !

Dans le Congo, c'est là qu'on marche !
Faut pas flancher.
Quand on vous crie : En avant 'arche !
Il faut marcher.
On a beau faire des chicanes
Et tout l' bib'lot,
Faut prendr' la rout' des caravanes
Pour l' haut Congo !

Dans l' haut Congo, c'est là qu'on crève
De soif et d' faim;
C'est là qu'il faut trimer sans trève,
Jusqu'à la fin.
Le soir on songe à sa famille,
Peu rigolo!
On pleure encore, quand on roupille
Dans le Congo!

On est démangé de bourbouille.
De dartr' aussi,
Les chairs fich' le camp en pot-bouille
Par l' biribi.
La nuit, par nué' les moustiques
Vous vrill' la peau;
Aux orteils se faufil' les djiques,
Dans le Congo!

Dans le Congo la dyssent'rie
Fait des razzias;
La fièv' bilieus', l'hématurie
Emboît' le pas.
Puis c'sont les sagaies et les lances
Des indigos
Qui f..... le restant sur la panse,
Dans le Congo!

On vit là sombre et solitaire
Comme un putois,
Là pas d'amis, là pas de frères,
Chacun pour soi,

Un' moricaud' lourde et camuse
Au noir museau.
V'là tout ce qu'on a pour qu'on s'amuse
Dans le Congo !

Les larbins c'est des boys mulâtres
Ou des négros
Ravagés d' ch... p... opiniâtre
Et d' sâl' bobos.
Ils cuisin', ils lav', ils vous volent
Tir' larigot
Et se décrass' dans vos cass'roles
En vrais congos !

Quand les nègres font des manières
Pour l'caout-chouc,
On prend des arm', on part en guerre,
On les secoue.
Les prisonniers, à coups d' machette
Sont faits manchots.
Ça leur épargn' des frais d' manchettes
Dans le Congo !

On est méchant, farouche et lâche
Quand on r'vient d' là.
Mais l' plus souvent d' chez les sauvages
On n' revient pas.
Pas même un coin de cimetière
Pour ses pauv' z'os !
Un' croix d' bois qui tombe en poussière,
Voilà l' Congo ! Voilà l' Congo !

***

Mais le chemin de fer de Matadi à Stanley-Pool s'achève. C'est sur une distance égale à celle de Bruxelles à Paris et un tiers en plus.

Le parti pris, l'esprit de parti, l'ignorance, le besoin malsain de dénigrer, « la zwanze » nationale l'avaient représenté comme un joujou sans signification.

C'est, en réalité, une œuvre admirable, confondante par la rapidité et la sûreté de son exécution, d'une utilité qui s'est tout de suite magnifiquement affirmée par l'abondance des transports, le chiffre des recettes et la hausse des titres.

Tout change, en effet, dès qu'il est inauguré en juillet 1898. Le sentier des caravanes et les pénibles portages à dos d'hommes qu'il nécessitait n'existent plus. Une ère nouvelle s'ouvre, ère de paix et de prospérité qui s'accélère et dont il convient maintenant d'indiquer les résultats tels qu'ils sont visibles en 1909, tels qu'ils se manifestaient au moment où la Belgique a repris le Congo pour son compte et lui a conféré une Constitution spéciale, une charte, que l'activité juridique est déjà en train de commenter.

Je vais essayer d'en esquisser le tableau.

***

L'esprit qui dirige, qui anime toute grande entreprise, est essentiel pour assurer son succès ou pour expliquer son avortement.

En matière de colonisation, il y eut ailleurs des maladresses sans nombre.

Léopold II partit de ce principe qu'il faut, avant tout, s'efforcer de bien connaître les lieux et les habitants, et respecter les coutumes de ceux-ci à moins qu'elles ne heurtent les devoirs humains évidents, sans prétendre, sous prétexte de rationalisme, vouloir les transformer à l'Européenne. Il se souvenait, peut-être, de la légende qui prête à Paul Bert, gouverneur de l'Indo-Chine, l'étrange idée, comme entrée de jeu, de faire traduire en siamois et afficher dans tous les villages tonkinois, la Déclaration des Droits de l'Homme et du Citoyen, comme une panacée qui allait transformer les âmes de ces jaunes!

Les explorations et les études ont été menées avec un ordre et une continuité supérieurs. Le Congo belge est actuellement connu géographiquement, orographiquement, hydrographiquement, ethnographiquement, botaniquement, zoologiquement, climatologiquement (je m'excuse de tant de pesants adverbes) dans toute son étendue. Sa carte est dressée avec une minutie confondante, des publications multiples le décrivent dans ce qu'il est et dans ce qui y vit. A titre d'exemple, je signale surtout le livre de nos compatriotes Ferdinand Goffart et Georges Morissens et ceux de Cyrille Van Overbergh, encyclopédies substantielles et documentées que devraient lire, par un élémentaire devoir, tous nos compatriotes et spécialement les détracteurs qui parlent sans rien connaître, sans se donner la peine de rien consulter si ce n'est leurs passions et leurs sourdes aversions sectaires.

C'est sur ces bases scientifiquement recherchées et établies que s'est poursuivie l'Organisation Administrative.

Il s'agissait d'abord de donner aux indigènes et aux émigrants, les bienfaits d'une bonne Police, c'est-à-dire la tranquillité et la sécurité pour les personnes et pour les biens.

On s'est appliqué à faire disparaître les luttes intestines de village à village — elles rappelaient, de loin, les guerres de château à château des premiers temps de la Féodalité — et leur cruelle conséquence, l'anthropophagie. On peut dire que présentement, sauf quelques regains vite réprimés, la paix sociale règne.

Il a fallu aussi, dans l'orient de la Colonie, chasser l'Arabe cruel et déprédateur. Ce fut accompli par Chaltin à la frontière du Soudan, par Wahis du côté de la Grande Crevasse. Ce brigandage est anéanti.

Bienfait superbe qui eut fait pleurer de joie Livingstone comme il pleurait de douleur au spectacle des abominations de la chasse aux esclaves. Les populations autochtones peuvent désormais vivre à l'abri des alertes et des ravages qui, jadis, semblaient pour elles une fatalité lamentable les menant insensiblement à l'extermination. Je répète, que sans l'initiative et l'œuvre de Léopold II; l'Arabe, venu de l'est, serait à l'heure actuelle, vraisemblablement parvenu à l'embouchure du Congo, après avoir pillé, massacré, réduit en esclavage, de part en part, toute la région intermédiaire et ses déplorables populations.

Après la Police, un des premiers devoirs du colonisateur est de créer des voies de communication. Ce sont elles qui favorisent la convivance avec ses conséquences commerciales, morales, civilisatrices.

A l'heure actuelle, ce qui, dans cet ordre de

mesures, est accompli ou en projet, est remarquable.

J'ai parlé du chemin de fer qui, au travers de la région des Monts de Cristal, unit le bas et le haut Congo de Matadi à Léopoldville. Il forme le chaînon terrestre entre les deux tronçons fluviaux que séparent l'obstacle des cataractes. Onze vapeurs desservent les trois ports du bas fleuve, soixante-dix-neuf naviguent sur le haut. Quinze mille kilomètres de voies navigables ont été reconnus et repérés et sont contrôlés et améliorés dans les passes difficiles.

Sur terre, un deuxième chemin de fer de soixante kilomètres dessert la fertile contrée du Mayumbe près de la côte atlantique, et un troisième de cent vingt-sept kilomètres contourne les Stanley Falls, autres chutes espacées en escaliers, qui, elles aussi, dans la partie supérieure du Congo, empêchent la navigation. Un quatrième est en construction ; il aura trois cent vingt kilomètres dont soixante-sept sont achevés ; c'est celui des Grands Lacs. Enfin, quatre autres sont en projet.

N'est-ce pas étonnant? Il faut y ajouter les routes carrossables de grande communication pour chariots ou automobiles, et les routes secondaires pour piétons; d'étape en étape sont établis des postes d'abri et de secours. Il faut y ajouter encore, en centaines de kilomètres, les lignes télégraphiques et téléphoniques.

Quel réseau en comparaison de l'ancien désert où il n'y avait que les sentiers pareils aux pistes de gibier, et, sur les cours d'eau, qu'une navigation locale de pirogues!

Point d'organisation sociale, point de police efficace, spécialement parmi les populations sauvages, sans une force publique pour contraindre à l'accomplissement des devoirs juridiques. Sans la Force, a-t-on dit, le Droit est pur platonisme.

Le Congo a son armée coloniale d'environ quinze mille indigènes plus les cadres qui sont européens, répartie dans vingt et une localités d'où peuvent rayonner ces troupes bien instruites, bien disciplinées, bien armées.

La sécurité doit être garantie non seulement contre les entreprises illicites des hommes, mais aussi contre les agressions aveugles de la Nature, notamment les maladies dans les régions sournoisement meurtrières où les germes morbides abondent.

Un service sanitaire était de première nécessité. Dans chacun des chefs-lieux des quatorze Districts de la Colonie, il y a une commission d'Hygiène sans cesse en activité pour le drainage des marais, l'assainissement des villages, des habitations et des mœurs. Trente médecins officiels vaquent actuellement à ces soins. Il y a, à Léopoldville, un laboratoire de recherches; il y a de nombreux lazarets locaux, une chambre d'apprêts vaccinogènes, des hôpitaux pour blancs et des hôpitaux pour noirs, une école professionnelle pour infirmiers.

A quoi serviraient toutes ces mesures s'il n'y avait aussi des Tribunaux pour vider les conflits par le fonctionnement pacificateur d'une organisation judiciaire conçue à l'européenne. Pour les Civils des deux races cinq Tribunaux de première instance, itinérants, une Cour d'appel, un Conseil supérieur jugeant au civil et au pénal. Pour les Indigènes, rien qu'au pénal, de nombreux tribunaux territoriaux. Pour les Militaires, divers conseils de guerre de première instance et un conseil d'appel.

***

Je ne puis tout décrire dans cet exposé que j'ai annoncé rapide et bref. Complémentairement je me borne à mentionner : l'organisation de l'Etat civil, du Cadastre, de l'Enseignement tant au Congo pour les indigènes qu'en Belgique, au point de vue des sciences coloniales, pour les émigrants et les fonctionnaires; celle des travaux de défense mettant les ports de Boma et de Matadi à l'abri d'un coup de main; celle de l'étude de l'Agriculture locale, des plantations, d'un jardin d'essai, d'une ferme modèle, d'une station météorologique; celle des industries possibles, des mines exploitables, de la monnaie, des mesures contre l'alcoolisme.

Extraordinaire ensemble, qui nulle part ne fut aussi complètement obtenu dans un aussi court laps de temps ! Pour lequel il semble qu'il fallait, comme ce fut le cas, une colonie sans la surveillance et la gêne vétilleuse d'une Métropole lointaine, mais avec la direction d'un homme de génie.

***

Pareil édifice administratif ne peut être créé et maintenu en fonctionnement sans dépenses.

C'est la question brûlante du Budget qui surgit.

Je n'en parlerai qu'en chiffres ronds.

Je prendrai pour exemple le budget de 1906 parce que le lecteur peut le retrouver aisément dans le livre de Goffart et Morissens que j'ai signalé plus haut.

Il fut de vingt-neuf millions au débit. Le détail en est donné à la page 263.

Comment y fit-on face? Les recettes sont énumérées à la page 262. Elles se sont élevées à trente-cinq millions, laissant un excédent de six millions. Les ressources ordinaires sont donc plus que suffisantes pour établir l'équilibre.

C'est dans ce chapitre des recettes que se trouve le fameux article des Produits du Domaine privé et des Tributs payés par les indigènes, treize millions, sur lequel s'est acharnée la politique d'opposition, prétendant que c'était obtenu « par une exploitation tyrannique et éhontée des malheureux nègres ».

En réalité l'impôt, qui n'est exigé que des indigènes valides et adultes, payable par douzièmes en monnaie, en produits ou en travail, varie, par tête, entre six et vingt-quatre francs au maximum.

C'était bien la peine de mener un tel brouhaha!

Mais quand la politique sera-t-elle guérie d'aveuglement et d'extravagance! Ne serait-ce pas, au reste, l'huile bienfaisante qui en fait marcher les rouages et, peut-être, lui donne son efficacité finale et transactionnaire? Sommes-nous certains que tout irait mieux sans le ferment des querelles, des injustices, des déclamations et des sottises?

Du domaine administratif décrit ainsi à grands traits et en larges teintes, où c'est l'activité officielle qui fonctionne, passons au domaine de l'activité privée.

C'est le Commerce, l'Industrie, la Vie individuelle, le vaste champ de la production, de la répartition et de l'emploi des richesses économiques. L'organisation politique n'a de raison d'être que la création, la protection, le développement de ceux-ci. Son but essentiel est d'y aider les efforts des citoyens agissant isolément ou en association. Elle y est l'entraîneur jusqu'au moment où son action auxiliaire devenant superflue, son rôle peut se borner à celui de conservateur.

Le commerce « général » de la Colonie, tel qu'on peut l'établir par les constatations des Douanes, — c'est la coutume et le seul moyen possible pour toutes les nations, — fut, en 1906, de 107 millions de francs, dont 77 millions pour les exportations et 30 millions pour les importations.

Dans ce total, le commerce dit « spécial », c'est-à-dire celui des marchandises produites par la Colonie ou lui destinées, fut de 80 millions.

Deux diagrammes qu'on trouve aux pages 398 et 400 du livre de Goffart et Morissens montrent la progression étonnante depuis 1886, spécialement en ce qui concerne la Belgique dont la part est de beaucoup la plus considérable, tant dans les exportations (54 millions sur 58) que dans les importations (15 millions sur 22), justifiant une fois de plus la loi économique que « le Commerce suit le pavillon », en d'autres termes que le maître d'un territoire colonial en est le principal bénéficiaire.

Le détail des importations est à la page 397. On y voit que les deux articles dominants, parmi quatorze cités, sont le caoutchouc pour

49 millions et l'ivoire pour 5 millions. L'or brut — ceci touche à la question des richesses minières — pour 1 million.

C'est la récolte de cette énorme quantité de caoutchouc et la rentrée des impôts qui ont servi d'aliments aux polémiques par lesquelles les agents anglais, missionnaires et autres, gobés et déplorablement soutenus par quelques-uns de nos compatriotes, ont essayé et essaient encore de représenter la belle administration du Congo belge, comme infectée de violence et d'inhumanité.

Certes, dans un territoire aussi vaste, ne pouvant être surveillé constamment, avec un personnel de blancs souvent livrés à eux-mêmes, ayant pour auxiliaires inévitables des sauvages imbus de leurs coutumes barbares à peine adoucies, des abus se sont produits : il y en a bien chez nous, il y en a surtout et de pires dans les colonies des autres nations. C'est la part de l'imperfection humaine et des débuts d'une pareille entreprise.

L'exagération de ces récriminations intéressées a été démontrée de même que la réalité des mesures gouvernementales par lesquelles on s'efforce de réprimer les excès. Mais, hélas! rien ne prévaut contre, d'une part, les avidités anglaises, d'autre part, la passion politique de ceux qui, en Belgique, ne sauraient admettre qu'une œuvre émanant de la royauté puisse être utile et valeureuse. Ils font songer à ce Jacobin qui refusa de continuer à manger un potage qu'il trouvait exquis, dès qu'il apprit qu'il avait été cuisiné par la servante du curé.

Heureusement la Nation ne les suit pas. Et, en tous cas, ces tares partielles momentanées ne sauraient suffire à détruire la beauté saisissante du total.

Et tout cela n'est qu'un commencement, n'est que le résultat de vingt-cinq années, dont quatorze de tâtonnements, d'embarras et d'incertitudes.

Les populations noires prennent peu à peu des habitudes qui augmentent dans un sens civilisateur leurs besoins nouveaux. L'industrie autochtone n'était que celle des vanniers, des céramistes, des métallurgistes en des proportions intéressantes mais très restreintes. Ils ne se nourrissaient que des produits de la pêche, de la chasse ou du cannibalisme, plus le manioc dans la partie occidentale et le riz dans la partie orientale. Ils n'habitaient que des huttes peu saines en paillotes et troncs d'arbre, des chimbèques, quadrangulaires dans l'ouest, rondes dans l'est. Ils marchaient presque nus et tatoués. Tout cela change dans un sens moralisateur, favorable à nos industries nationales, par exemple à celle du tissage des étoffes, si importante chez nous et qui obtiendra là bas un débouché considérable dès que les noirs auront pris l'habitude de se vêtir.

La masse énorme de fer et de cuivre déjà reconnue dans notre Congo montre que, lorsque les voies de communication en projet ou en construction seront achevées, l'industrie extractive s'y développera dans des proportions qui, jadis, étaient inespérées et qui ne sont plus niées que par les sceptiques incurables. Aux pages 382 et suivantes, Goffart et Morissens donnent, à ce sujet, des renseignements décisifs.

Cet ensemble d'organisation est maintenu dans la discipline juridique, — le Droit est la grande Hygiène sociale — par une Législation qui a un double caractère : européenne pour les blancs, ainsi que pour les noirs dans ce qui touche aux prescriptions humanitaires supérieures, elle reste « africaine », peut-on dire, pour ce qui est local et traditionnel. C'est l'application très sage du principe que je disais plus haut avoir été le point de départ inspirateur du gouvernement de la Colonie. Elle n'expose pas aux sottises politiques de la Guadeloupe et du Sénégal où l'on fait singer aux nègres le suffrage universel et les allures européennes, avec quelles incohérences on le sait !

C'est conforme à nos traditions nationales. Déjà, quand Godefroid de Bouillon devint roi de Jérusalem, les Assises des croisés ne furent que pour eux et ils respectèrent les mœurs locales des mahométans. C'était à l'instar des envahisseurs germains dans les Gaules romaines, quand était pratiqué le régime de « la personnalité » du Droit. Les Wisigoths, les Burgondes conquérants eurent leur loi particulière, et en firent une autre pour les Gallos-Romains conquis.

Notre Congo est divisé en quatorze districts à la tête de chacun desquels est un commissaire européen nommé par le Gouverneur général.

Quelques-uns, les plus vastes, sont subdivisés en zones, et quelques autres en secteurs, ayant chacun leur chef également européen.

Au-dessous vient enfin le poste, dernière subdivision confiée à un blanc; il y en a actuellement plus de trois cents.

Alors apparaît « la Chefferie » indigène, avec son chef africain, ayant reçu l'investiture et un insigne; il s'engage à gouverner son territoire selon les us et coutumes locaux pour autant qu'ils ne soient pas contraires aux lois générales.

Pouvait-on mieux faire la part du neuf et du vieux et ne pas tomber dans les extravagances du rationalisme pur et intransigeant?

J'ai dit que l'humanité congolaise, difficilement chiffrable avec exactitude, peut être évaluée à vingt millions, plus ou moins. Goffart et Morissens disent dix-sept, Perthes dix-neuf, Levasseur vingt.

A la page 32 de son livre *A travers le Congo*, René Dubreucq donne le tableau de la population blanche, notamment au 1er janvier 1908. C'est environ trois mille, dont treize cent vingt-neuf agents du gouvernement, le surplus desservant les quatre-vingt-une firmes commerciales déjà établies au Congo, dont cinquante-quatre belges.

Pour se figurer ce que ces diverses populations représentent, prenons la Belgique et calculons proportionnellement : c'est comme si dans chacune de nos provinces il n'y avait que deux mille trois cents noirs et quatre blancs. Nous avons environ deux cent cinquante habitants par kilomètre carré; le Congo n'en a que sept. S'il était peuplé comme la Belgique — un des pays les plus peuplés du monde — il aurait six cents millions d'habitants, le tiers de l'humanité terrestre!

Notons aussi, en passant, cent soixante-quinze « missionnaires » anglais, cette peste, qui ne semblent essaimer au loin que pour préparer sournoisement des annexions à une patrie folle d'impérialisme.

Voila dépeinte du mieux que j'ai pu la Colonie qui nous fait, comme je l'ai dit en commençant, la quatrième Puissance coloniale, alors que nous étions déjà la cinquième, malgré l'exiguïté de notre territoire et de notre population, au point de vue du commerce établi en milliards de francs, la première même quand on calcule par tête ou par kilomètre carré.

Nous n'avons plus à regretter d'avoir perdu, par notre séparation de la Hollande, le bénéfice de l'Insulinde.

Dans notre Ame belge renaissent peu à peu les grands et nobles désirs des lointains, de la Terre et de l'Humanité vues autrement que dans le petit coin où l'Histoire nous a confinés. A notre Patrie est ajouté un appendice superbe, plus considérable qu'elle-même. Notre petite barque traîne allègrement derrière elle un vaisseau à trois ponts !

Et puisque j'envisage les voyages qui de plus en plus y mèneront, que je dise quelles sont présentement les voies pour y pénétrer et pour en revenir. Cela aidera à mieux comprendre la valeur de ce Congo et son avenir.

Il s'agit d'un parcours de deux mille lieues. Cinq lignes régulières le permettent : d'Anvers, du Havre, de Bordeaux, de Liverpool, de Lisbonne, réalisant par mois six différentes occasions de départ pour l'embouchure du fleuve, pointe d'entonnoir de la Colonie, entrée principale et majestueuse.

Mais on peut aussi y pénétrer par la frontière opposée, celle de la Grande Crevasse.

Par le Nil et le Soudan anglo-égyptien. Plus au Sud par l'Afrique orientale anglaise, par l'Afrique orientale allemande et par la Rhodésie. Ces routes sont composées de trajets sur les eaux fluviales ou lacustres, en chemin de fer ou par voies carrossables.

Notre Congo est donc dès à présent largement ouvert.

De plus, pour les voyages purement intellectuels, son réseau télégraphique intérieur est relié au réseau mondial par le câble sous-marin du Congo français.

Comparons maintenant avec les colonies analogues, — que, pour faciliter la compréhension, je nommerai « les autres Congos », — qui l'entourent et sont ses voisins immédiats. Supposons un concours ouvert entre le nôtre et le Congo français, le Congo portugais (l'Angola), le Congo anglais (Afrique orientale anglaise), le Congo allemand (Afrique orientale allemande).

Le Portugal est établi en Afrique depuis la fin du XVe siècle. Son amiral Diego Cam reconnut alors l'embouchure du Fleuve. Par contre, les trois autres nations concurrentes ont commencé à peu près en même temps que nous.

On a vu que notre commerce était de 107 millions.

Voici le leur : Congo portugais, 58 millions; Congo allemand, 34; Congo anglais, 25; Congo français, 24.

J'ai dit aussi que le Budget de 1906 était clôturé par un boni de six millions. Par contre, celui du Congo français avait un mali de six cent mille francs; celui du Congo portugais de quatre millions; celui du Congo anglais de quatre millions; celui du Congo allemand de six millions.

Et pourtant, ce n'est pas qu'on ait lésiné dans le nôtre; c'est le plus généreux pour les dépenses d'organisation politique et économique. On a vu qu'il atteignait en 1906 vingt-neuf millions; or, l'allemand était de vingt-six; le portugais de treize; l'anglais de onze; le français de cinq.

Qu'on fasse la comparaison dans n'importe quel domaine administratif ou économique, nous avons presque toujours la supériorité nous y remportons la coupe comme nos cano tiers gantois à Henley.

***

Ah! vraiment, si « ce planeur » que je supposais au début de cette étude volant au-dessus de ces vastes contrées aujourd'hui déjà largement améliorées et disciplinées par la civilisation que nous y avons introduite, allait atterrir à l'extrême orient de notre colonie, sur le sommet du gigantesque Ruenzori, sur le plus haut de ses pics, le pic Marguerite, ainsi nommé par le duc des Abruzes en l'honneur de la reine d'Italie; et si se retournant, du haut de ce phare merveilleux qui, par une chance qui réjouira toute âme artiste, est au dedans de nos frontières, il pouvait contempler notre majestueux domaine, il ressentirait, étant Belge, une légitime reconnaissance et une joyeuse allégresse; il comprendrait la place élargie que nous avons obtenue parmi les nations et le bien que nous avons accompli; il aurait quelque reconnaissance pour les Cobourg qui, par un sort analogue à celui des Valois de Bourgogne devenus jadis nos ducs, se sont faits plus Belges que les Belges.

Par ce jugement, je me sépare, socialiste, de ceux avec qui j'eus et j'ai encore tant de croyances et d'espérances communes. Il ne sera pas dit, dans l'Histoire, que tous nous avons commis l'erreur d'attaquer et mépriser une œuvre aussi noblement nationale et civilisatrice. Un parti ne consiste pas dans les hommes qui passagèrement y manœuvrent, mais dans les idées qui y sont admises. Il suffit qu'un seul les ait accueillies pour que la postérité ne puisse dire qu'on les y a méconnues. L'humiliation de s'être trop lourdement trompé est ainsi évitée.

Mais d'où me vient cette présomption? N'est-ce pas moi qui me trompe? Qui a reçu du Destin le don de dire Vérité pour les autres? Toute affirmation humaine ne devrait-elle pas, pour être sage, se borner à une simple, hésitante et personnelle allégation?

La situation privilégée que nous a donnée l'annexion enfin votée crée un danger.

Notre Congo est une belle proie. Elle est d'autant plus convoitable que ses voisins distancés l'ont laissé maladroitement échapper alors que, s'ils avaient eu les prévisions, la décision, l'habileté, l'audace tranquille et taciturne de Léopold II, ils auraient, plus aisément que lui, put cueillir cette fleur tropicale opulente et, avec la brutalité cynique des grosses nations ayant affaire aux petites, évincer la modeste Belgique au moment où, vraisemblablement, son Roi lui-même n'espérait pas obtenir autant.

Chance, Destin ou Virtuosité diplomatique — apparemment les trois réunis — le Congo nous a été laissé et nous le tenons ferme avec une conscience grandissante de ce qu'il vaut.

Sinon la nation anglaise elle-même, au moins quelques Anglais, pris du regret de ce qui pouvait être et n'a pas été, manœuvrent avec opiniâtreté pour essayer de nous l'enlever. Regardez la carte : vous verrez que l'Angleterre n'a aucun débouché à l'ouest de l'Afrique méridionale et que notre Congo se présente pour elle et sa voracité en tentation irrésistible.

Le coryphée du groupe de ces maraudeurs est le Morel, nouveau Jameson, qui s'est officieusement donné la mission de préparer cette spoliation, se croyant, peut-être, officiellement soutenu en sourdine par ses compatriotes.

Et, imprévu douloureux, il trouve aussi de l'appui, sinon manifeste, au moins indirect et sournois, chez quelques-uns des nôtres nourrissant le dessein, qu'ils s'en rendent compte ou l'ignorent, de faire pièce à la Monarchie et de vexer « le tyran ».

Mais on ne recommence pas aisément le

brigandage de la conquête du Transvaal. L'opinion britannique elle-même, en sa partie loyale et saine, saura, espérons-le, y résister.

Faisant allusion à la politique avide de ce groupe insatiable féru d'impérialisme, et me souvenant de la chanson du Congo, j'y ajoutai ces deux couplets que j'improvisai à Ostende pour terminer la Conférence dont ce qui précède est la version écrite, couplets qui furent applaudis avec frénésie. Qu'on en excuse la brutalité. Ils sont dans le ton de l'œuvre originaire, dans le rythme d'une légitime indignation, et dans ce que méritent ceux à qui ils sont destinés :

Nous l'avons gagné par nos peines,
Et par nos poings.
Il est teint du sang de nos veines
Dans tous les coins.
Il n'est pas pour la cambriole
Ce fin morceau,
Ni pour que des malins le volent
Notre Congo !

Vous tripotez en vraies canailles,
O flibustiers,
Complotant après nos batailles
Pour nous piller.

Mais nous avons pour le défendre
Du poil au... dos.
Malheur à qui voudrait le prendre
Notre Congo! Notre Congo!

1er octobre 1909.

TABLE

RÉCITS DE VOYAGE

PAR

EDMOND PICARD

LES HAUTS PLATEAUX DE L'ARDENNE.

EL MOGHREB AL AKSA (Mission belge au Maroc).

MONSEIGNEUR LE MONT BLANC.

JOURNAL DE MER D'UN ADOLESCENT.